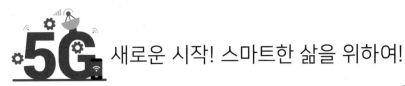

새로운 시작! 스마트한 삶을 위하여!

KB017993

퇴직 예정자들이 알아야 할
스마트폰 활용
길라잡이

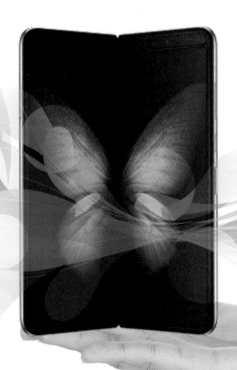

Always Smartphone Learning, Always Smart & Enjoy Life

SNS소통연구소

SNS소통연구소가
즐거운 대한민국을 만들어갑니다!

[퇴직 예정자들이 꼭 알아야 할 스마트폰 활용길라잡이]

제대로 보는 법

각 강마다 스마트폰 활용 방법에 대해서 설명하기 전에 해당 어플에 대한 개요와 장점을 설명하고 있습니다. 하단에 보이는 것처럼 [QR-CODE]가 각 강마다 있습니다.
[QR-CODE]를 스캔하시면 영상 강좌를 보실 수 있습니다.

QR-CODE를 스캔 하시면 [DSLR Blur] 활용법에 대한 자세한 영상을 보실 수 있습니다.

설명하고자 하는 어플이름과 아이콘을 보여줍니다.

안드로이드폰 [Play스토어] 및 아이폰 [앱스토어]에 서 다운받을 수 있는지 여부를 보여줍니다.

[QR-CODE]를 스캔하시면 해당 강에서 설명하고 있는 사용방법에 대해서 동영상 강좌를 보실 수 있습니다. [Youtube]에 업로드 된 영상을 보실 수 있습니다.

🖥 [QR-CODE 영상 강좌] 보는 방법

[새로운 네이버 앱 홈 화면]인 경우 홈 화면 하단에 [원형] 아이콘을 터치합니다.

네이버 메뉴들이 좌에서 우로 나열되어 보여집니다.
왼쪽에 있는 [렌즈] 메뉴를 터치합니다.

① [스마트 렌즈]와
② [QR/바코드] 스캔 화면이 보이는데 [QR-CODE]에 갖다 대면 해당 [QR-CODE] 제목이 상단에 보여집니다.
③ 제목을 터치하면 관련된 [영상 강좌]를 볼 수 있습니다.

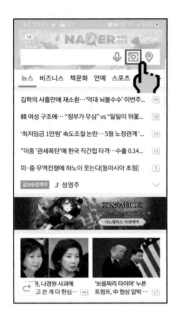

상단 QR-CODE를 스캔하시면
하단 영상 강좌를 보실 수
있습니다.
① [QR-CODE 영상 강좌] 보는 방법
② [구글 Play 스토어]에서 어플
　 다운 받는 법
③ [원스토어]가 보이지 않을 때
　 해결 방법

[기존 네이버 앱 홈 화면]인
경우 상단에 [카메라] 아이콘을
터치하면 [QR-CODE]를
스캔할 수 있습니다.

스캔 화면이 나오면 [QR-CODE]에
갖다 대면 관련 영상을 볼 수 있습니다.
① [스마트 렌즈] 화면에서 스캔해도 되고
② [QR/바코드] 화면에서 스캔해도 됩니다.

🖥️ [구글 Play 스토어]에서 앱 다운 받는 법

설치하고 싶은 앱이 있다면
스마트폰 홈 화면에서
[Play스토어]를 찾아 터치합니다.

[Play스토어] 검색 화면창을
터치합니다.

찾고자하는앱 이름을입력합니다.
예를 들어
① [포토퍼니아] 어플을 다운
　 받고자 이름을 입력하면 대부
　 분 바로 밑으로
② 해당 어플 이름이 보여집니다.

해당 어플을 설치할 수 있는
화면이 보입니다.
[설치]를 터치하면 앱을
다운받을 수 있습니다.

[설치 중]이라는 화면이 보이
면서 앱이 다운로드 됩니다.

다운로드가 완료되면
[열기]를 터치해서 실행시키면
됩니다.

[원스토어]가 보이지 않을 때 해결 방법

보통은 앱을 설치하고자
할 때 구글 [Play 스토어]에서
다운을 받으면 되는데
[Play 스토어]에서 검색이
안되는 경우 [원스토어]에서
다운받을 수 있습니다.
스마트폰 홈 화면에
① [원스토어]가 보이는 경우 터치해서 실행하면 됩니다. 또는
② [앱스] 아이콘을 터치해서 다운받은 어플들이 있는
   화면으로 이동합니다.

[앱스] 화면 첫번째 두번째
화면에 보통은 보이게 됩니다.
[원스토어] 아이콘이 보이지
않으면 [파인더 검색] 창에
[원스토어]를 검색해서
찾아볼 수 있습니다.

[앱스] 화면에서 [원스토어]가
보이지 않으면 [설정]에 가서
[애플리케이션] 메뉴로 이동
하면 [원스토어]를 활성화
시킬 수 있습니다.
홈 화면 상단바를 손가락으로
내려봅니다.

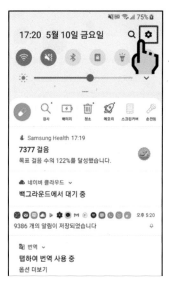

알림바 화면이 보이고
상단 왼쪽에 [설정]
아이콘을 터치합니다.

[설정] 화면이 보입니다.
(삼성 갤럭시 계열의 스마트폰 위주)
손가락으로 위로 드래그해서
[애플리케이션] 메뉴를 찾습니다.
스마트폰 종류에 따라
[어플 관리자] 또는
[앱 관리자]라고 보일 수도 있습니다.

[애플리케이션] 메뉴를
터치합니다.

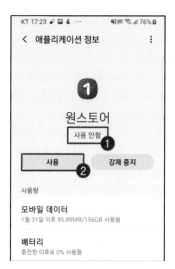

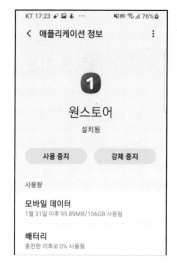

자신의 스마트폰에 설치된
앱들이 보여집니다.
손으로 드래그해서
[원스토어]를 찾을수도 있겠지만
① [검색] 창에서 검색을 하면
② [원스토어]를 바로 찾을 수
   있습니다.

[앱스] 화면에서 [원스토어]가
보이지 않을 경우에는
① [사용안함]으로 되어 있습니다.
   [원스토어]를 실행하고자 한다면
② [사용]을 터치하면 실행시킬 수
   있습니다.

위와 같은 화면이 보이면
[원스토어]가 제대로
앱스화면에서 보이게 되고
실행시킬 수 있습니다.

CONTENTS

 스마트한 일상 만들기

1강. 퇴직 예정자들이 스마트폰을 제대로 배우고 익혀야 하는 이유? _24
▶ 4차 산업혁명과 5G시대 준비를 위한 자세
▶ 4차 산업혁명시대에 꼭 봐야할 영상
　세계미래포럼 / 스마트폰활용지도사 / 서울대 김태유 교수 강의영상
　카이스트 이경상 교수 강의 영상 / 성균관대 최재붕 4차 산업혁명 이야기 강의 영상

2강. 스마트폰 기계 설명 _28
▶ 삼성 / LG / 아이폰 하드웨어 위주로 설명

3강. 연락처 기능 활용하기 _31
▶ 연락처 기능 활용하기 / 연락처 등록하기 / 그룹지정하기 / 벨소리 설정하기
　연락처 사진넣기 / 연락처 수정하기 / 단축번호 지정하기 / 빠른 단축번호 지정하기

4강. 스마트폰 기본 활용 _38
▶ 내비게이션바 활용하기 / 스마트폰 분실시 대처 방법 / 글자 크게 하기
▶ 배터리 절약(블랙화면) / 상단 알림바 활용하기 / 스마트폰 보험 / 스마트폰 요금제
▶ 지메일 계정 설정하기 / 홈 화면 폴더 만들고 정리하기
▶ 화면 꺼짐 시간 설정 / 와이파이 설정하기 / 앱스화면 활성화 시키기

5강. 말로 문자 보내기 _67
▶ LG G4스마트폰 / 삼성 노트5

6강. 인공지능 음성 서비스 _72
▶ 구글 어시스턴트
▶ 네이버 클로바

CONTENTS

7강. 검색 앱 서비스 _78
- ▶ 구글 알리미
- ▶ 네이버 활용하기
  정보 검색한 후 공유하기 / 음성검색 / 노래제목 알아보기 / 노래방 검색
  게임검색 및 활용하기 / 네이버 스마트렌즈

8강. 구글플레이 스토어 _88
- ▶ 기존에 설치한 앱(App) 확인해보기
- ▶ 설치한 앱(App) 한번에 여러개 삭제하기
- ▶ 실수로 구매한 앱(APP) 환불받기

9강. 설정 - 앱(App) 기본 설정 _92
- ▶ 공유할 때 특정 앱(App)이 계속 나오는 경우 해결방법

10강. 카카오톡 활용하기 _95
- ▶ 프로필 변경하기 / 사진 보내기 / 사진 저장하기 / 동영상 보내기 및 저장하기
- ▶ 메시지 전달하기 / 메시지 삭제하기 / 연락처 보내기 / 받은 연락처 저장하기
- ▶ 지도 보내기 / 이모티콘 다운받기 / 샵(#) 활용하기 / 그룹 채팅방 만들기
- ▶ 오픈 채팅방 만들기 / 오픈채팅 관리하기/ 채팅방 설정 / 저장공간 확보하기
- ▶ 카카오페이 / 선물하기

 스마트한 즐거움 만들기

11강. 카메라 기본 설정 _118
- ▶ 사진크기 용량 줄이기 / 수직, 수평 안내선 설정하기/ 카메라 빠른 실행
- ▶ 제스처로 촬영하기 / 무음카메라로 촬영하기 / 수동카메라로 촬영하기
- ▶ 갤러리 폴더 정리 / 접사 촬영 / 촬영시 스마트폰 운지법

CONTENTS

12강. 사진 보정 앱(App) 활용하기 _127
- ▶ DSLR Camera Blur
- ▶ 싸이메라
- ▶ 스냅시드

13강. 저장 공간 확보하기 _141
- ▶ 알약M / 핸드폰 제조사별로 저장공간 관리하기(삼성,LG등)
- ▶ 카메라사진 동영상 크기 설정하기 / 외장 SD메모리카드 설치하기

14강. 음악 및 동영상 다운받기 _151
- ▶ 튜브메이트 3
- 무료로 동영상과 음악 다운받기

15강. 메이크업 아티스트 앱(App) 활용하기 _158
- ▶ 유캠 메이크업

16강. 카드뉴스 만들기 _162
- ▶ 글 그램
- ▶ 글씨팡팡

17강. 이미지 합성 앱(App) 활용하기 _175
- ▶ 포토퍼니아
- ▶ PIXIZ

18강. 나만의 캐리커쳐 만들기 _187
- ▶ Mlirror Ai
- ▶ 모멘트캠

CONTENTS

19강. 감동 스토리 영상편지 만들기 _196
▶ Scoompa
▶ 멸치
▶ 슬라이드 메시지

20강. 유튜브 1인 크리에이터 앱(App) 활용하기 _218
▶ 유튜브 채널 만들기
▶ youtube studio

21강. 쇼핑몰 앱(App) 활용하기 _227
▶ 네이버 쇼핑/ 쿠팡/ 위메프

22강. 여행 관련 앱(App) 활용하기 _239
▶ 해외 유심칩 활용 / 위시빈 / 무빗 / Booking
▶ 방방콕콕 / 와이파이도시락 / 해외안전여행

 스마트한 사무실 만들기

23강. 동시통역 및 번역 앱(App) 활용하기 _254
▶ 구글 번역
▶ 네이버 파파고 / OCR로 촬영하고 인식된 텍스트 바로 번역

24강. 스마트한 사무처리 하기 _265
▶ 캠스캐너
▶ 모바일 팩스
▶ 땡큐 모바일 팩스
▶ 텍스트 스캐너(OCR)
▶ QR Droid private

CONTENTS

25강. 메모 앱(App) _288
- ▶ 에버노트
- ▶ 1초 메모
- ▶ 스피치노트

 유용한 앱(App)

26강. 유용한 앱(App) _306
- ▶ **자서전 쓰기** - 인생락서
- ▶ **교통 앱(App) 활용하기** - 지도 / 택시
- ▶ **사기피해방지 앱(App) 활용하기** - 더치트 / 경찰청사이버캅
- ▶ **건강 정보 앱(App)**
  건강정보(건강보험 심사평가원)
- ▶ **그 외 유용한 앱(App) 간략 소개**
  - * 건강IN(국민건강보험공단) / 의약품 검색(약학 정보원)
  - * 삼성헬스 / 등산시계 / 트랭글 / LG헬스 / 런키퍼
  - * 한국 감정원 부동산정보 / 스마트국토정보 / 토지이용규제내비게이터
  - * 국가법령정보 / 인터넷등기소 / 인허가자기진단 / 소상공인마당
  - * 모바일국세청 / 안전신문고 / 굿닥 / 112긴급신고앱 / 정부24
  - * 안전디딤돌 / 모두의라디오

 유용한 정보

27강. 유용한 정보 _332
- ▶ **퇴직 예정자들이 미리 준비하면 좋은 정보들**
  - * 실업급여 받기
  - * 건강보험 안내 / 국민연금 안내

CONTENTS

▶ 대한민국 교육기관 및 취업관련 정보사이트

 * 취업지원 및 창업지원 기관 소개
 * 종합 취업 포털 사이트
 * 분야별 전문 취업 사이트

▶ 스마트폰 활용지도사 소개

 * 미래유망직업 스마트폰 활용지도사 개요
 * 스마트폰 활용지도사 교육이 필요한 이유
 * 현재 전국 스마트폰 활용지도사 교육 현황

각 장마다 끝부분에 [스마트폰 용어정리]를 일부씩 설명함

▶ 스마트폰 / 상단바 / 독바 / 퀵패널 / 애니메이션효과 / 패턴 / 어플(앱)
▶ 구글플레이스토어 / 앱스토어 / 모바일 클라우드 서비스
▶ 1세대 2세대 3세대 4세대 5세대 통신의 의미
▶ 와이브로 / 모바일핫스팟 / 공유기 / 위젯
▶ 동기화 / 해상도 / 내장메모리 / 외장메모리 / 메모리 / RAM/ 탭 / 더블탭
▶ NFC / 증강현실 / QR-CODE / 블루투스 / 백업 / 인터넷
▶ 웹브라우저 / URL / 링크 / 단축URL / 블로그 / 페이스북
▶ 인스타그램 / 트위터 / 핀터레스트

★ **스마트폰 활용지도사 자격증에 대해서 아시나요?**

(정보통신과학기술부가 검증하고 직업능력개발원이 관리하는 스마트폰 자격증 취득에 관심 있으신 분들은 살펴보세요)

★ **상담 문의 :** 이종구 010-9967-6654

E-mail : snsforyou@gmail.com

카톡 ID : snsforyou

★ **스마트폰 활용지도사 1급**

– 해당 등급의 직무내용

초/중/고/대학생 및 성인 남녀노소 누구에게나 스마트폰 활용교육을 실시 할 수 있습니다. 학생들뿐만 아니라 일반 성인 들의 스마트폰 중독에 대한 예방 교육을 실시할 수 있습니다.

1인 기업 및 소기업이 스마트워크 시스템을 구축하는데 필요한 제반사항을 교육할 수 있습니다.

개인 및 소기업이 브랜딩 전략을 구축하는데 있어 저렴한 비용을 들여 브랜딩 및 모바일마케팅 전략을 구축할 수 있도록 필요한 교육을 할 수 있습니다.

★ **스마트폰 활용지도사 2급**

– 해당 등급의 직무내용

시니어 실버분들에게 스마트폰 활용교육을 실시 할 수 있습니다. 개인 및 소기업이 모바일마케팅 전략을 구축하는데 있어 기본적인 교육을 할 수 있습니다.

★ **시험 일시 :** 매월 둘째주,넷째주 일요일 5시부터 6시까지 1시간.

★ **시험 과목 :** 1. 스마트폰 활용 / 2. 스마트폰 UCC / 3. SNS 마케팅 / 4. 스마트워크

★ **합격점수 :** 1. 1급 – 80점 이상(총 50문제 각 2점씩 100점 만점에 80점 이상)

　　　　　　　2. 2급 – 70점 이상(총 50문제 중 각 2점씩 100점 만점에 70점 이상)

★ **시험대비 공부방법**

1. 스마트폰 활용지도사 길라잡이 책 구입 후 공부하기.

2. 정규수업 참여해서 공부하기.

3. 유튜브에서 [스마트폰 활용지도사] 검색 후 관련 영상 시청하기

★ **시험대비 교육일정**

1. 매월 정규 교육을 SNS소통연구소 전국지부에서 실시하고 있습니다.

2. 스마트폰 활용지도사 SNS소통연구소 블로그(http://snsgroup.co.kr) 참고하기.

3. 소통대학교 사이트 참조(www.snswork.com)

4. NAVER 검색창에 <SNS 소통연구소>라고 검색하세요!

★ **시험 응시료 :** 3만원

★ **자격증 발급비 :** 7만원

1. 일반 플라스틱 자격증.

2. 종이 자격증 및 우단 케이스 제공.

3. 스마트폰 활용지도사 강의자료 제공비 포함.

★ **스마트폰 활용지도사 자격증 취득시 혜택**

1. SNS상생평생 교육원 스마트폰 활용 교육 강사 위촉.

2. SNS소통연구소 스마트폰 활용 교육 강사 위촉.

3. SNS 및 스마트폰 관련 자료 공유.

4. 매월 1회 세미나 참여(정보공유가 목적).

5. 향후 일정 수준이 도달하면 기업체 및 단체 출강 가능.

6. SNS 상생신문 기자 자격 부여.

7. 그외 다양한 혜택 수여.

스마트한 일상 만들기

1강. 퇴직 예정자들이 스마트폰을 제대로 배우고 익혀야 하는 이유?

2강. 스마트폰 기계 설명

3강. 연락처 기능 활용하기

4강. 스마트폰 기본 활용

5강. 말로 문자 보내기

6강. 인공지능 음성 서비스

7강. 검색 앱 서비스

8강. 구글플레이 스토어

9강. 설정 - 앱(App) 기본 설정

10강. 카카오톡 활용하기

퇴직 예정자들이 스마트폰을 제대로 배우고 익혀야 하는 이유?

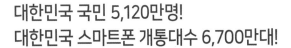

대한민국 국민 5,120만명!
대한민국 스마트폰 개통대수 6,700만대!

경제학자들이 정의한 바에 의하면 인구 5,000만명 기준으로 볼 때 100만명 이상이 사용하면 패션(Fashion)이고 500만명 이상이 사용하면 트랜드(Trend)고 1,000만명 이상이 사용하면 문화(Culture)라고 합니다.

패션이나 트랜드는 쉽게 바뀔 수 있지만 문화는 쉽게 바뀌지 않습니다.

이제 스마트폰은 문화로 자리 잡았기에 단순히 전화걸고 받고 게임이나 하는 도구로만 보는 것이 아니라 제대로 배우고 익혀서 활용해야 할 일상 생활의 필수품이 되었습니다.

실제 스마트폰은 소통의 도구가 되어 가고 있습니다.
가정이나 직장에서도 스마트폰 활용에 대해서 잘 모르면 소통에도 문제가 생깁니다.
시니어 실버들의 경우 스마트폰 때문에 가정이나 직장에서 불쾌한 기분마저 든다고 합니다.
기본적으로 스마트폰 활용에 대해서 질문을 하면 돌아오는 대답이

"아버지가 그것도 몰라요?"
"엄마가 그거 알아서 뭐하게요"
"할머니 지난번에 알려드렸는데 또 물어봐요?"

이런 식의 대답이 많다고 합니다.

CHECK 리스트

실제 몇 번 해보면 대부분 어렵지 않게 할 수 있는 스마트폰 활용인데도 불구하고 기존에 해보지 않았고 용어 자체도 낯설다 보니 처음에 접근하기가 쉽지 않은게 현실입니다.

이런 마음을 헤아리지 못하고 자식들이나 손주들은 무조건 귀찮아하고 무시하는 경우가 다반사입니다.

이제 진정 가족이나 젊은 사람들과의 소통을 위해서라도 스마트폰 활용에 대해서 제대로 배우고 익혀서 활용해야 할 것입니다.

공공기관이나 기업에서 수십 년을 근무하고 퇴직을 앞두게 되면 불안감이 엄습하는게 현실입니다.
조직 내에 함께 있을 때는 혼자가 아니라 같이 일을 하기에 큰 어려움 없이 생활을 할 수 있지만 퇴직을 하게 되면 대부분 혼자서 일을 처리하기에 어려운 부분에 봉착하는 경우가 많이 있습니다.

공공기관 퇴직 예정자 분들을 대상으로 스마트폰 활용 교육을 진행하다보면 주어진 시간이 많지않아 스마트폰 활용에 대해서 기본적인 교육만 하고 있습니다.

"말로 문자 보내기"
"말로 카톡 문자 보내기"
"인공지능 음성서비스 활용하기"
"이미지합성 어플 활용하기"
"감동 영상편지 쉽고 빠르게 만들기"
"스마트폰에서 내가 원하는 음악이나 동영상 무료로 다운받기"
"한번에 수백곡의 노래나 동영상을 무료로 다운받기"
위에 나열한 몇 가지만 하셔도 아직까지는 스마트폰 활용에 대해서 잘 알지 못하기에 좋아하시고 감사 하다는 인사말을 건네주시는 경우가 많습니다.

퇴직을 하고 난 후 직장생활을 다시 하거나 사업을 하시는 분들도 많이 계십니다.

이런 분들은 실질적으로 스마트폰 활용이나 SNS활용에 대해서 제대로 배우고 익히셔야 일의 효율성과 효과성을 극대화하실 수 있습니다.

일을 할 때 2-3시간 걸려서 처리할 것도 스마트폰이나 SNS 도구들을 활용해서 하시면 업무효율을 최소한 20-30%극대화하실 수 있습니다.

단순한 예를 들자면 1시간 이상 걸려서 타이핑할 자료도 [OCR] 어플을 활용하면 3초만에 추출할 수 있습니다. 추출한 텍스트를 [구글 탭하여 번역]이나 [네이버 파파고] 번역 기능을 활용하면 2초만에 내가 원하는 외국어로 바로 번역할 수 있습니다.

이동중에도 스마트폰만 있으면 언제 어디서나 중요한 문서를 바로 스캔해서 바로 무료로 팩스를 보낼 수 있습니다.

과거에는 직원이나 비서들이 해줬던 고객관리나 자금관리도 스마트폰 어플로 쉽고 빠르게 관리할 수 있습니다.

진정 비즈니스 영역을 국내뿐만 아니라 해외까지 넓혀서 비즈니스 마케팅 전략을 펼쳐도 좋을 시대입니다.

하지만, 세상의 변화와 스마트폰의 변화를 감지하지 못하시는 분들은 과거의 방식으로만 일을 하고 있기에 갈수록 힘들다고만 하고 사업의 운영기간이 짧아만 지고 있는 것이 현실입니다.

스마트폰은 시간이 지날수록 진화되어가고 있으며 인공지능 음성서비스는 상상을 초월할 정도로 발전되어 가고 있습니다.

구글 어시스턴트, 아이폰 SIRI, 삼성 빅스비, 네이버 클로바 등 인공지능 음성 서비스를 제대로 활용하게 되면 사용자가 원하는 정보를 쉽고 빠르게 검색해서 알려줍니다.

실질적으로 비서가 필요 없을 정도로 정확한 데이터를 분석해서 제공하고 있습니다.

이제 비즈니스를 하고자 하는 사람들에게는 스마트폰과 SNS 도구 활용은 필수로 먼저 배우고 익혀서 실질적으로 활용을 해야 할 것입니다.

2019년 4월 5일 대한민국이 전세계 최초로 5G시대 개막을 열었습니다.
5G가 아직은 일반인들이 느끼기에는 크게 와닿지 않는게 현실입니다. 하지만, 5G 인프라가 2-3년내에 우리들의 삶 속에 적용되어 삶의 질이나 환경 자체가 상상을 초월할 정도 많이 바뀔 것입니다.

우리 가정의 스마트 기기들, 스마트 공장의 일반화, 원격의료진료, 자율 주행 자동차 등 실질적으로 우리 일반인들의 삶뿐만 아니라 전 세계가 초저지연 인터넷 기술로 연결이 되고 많은 일들을 스마트폰 하나로 조정이 가능해지게 됩니다.

진정 스마트폰이 우리 삶의 리모콘 같은 역할을 하게될 것입니다.

지금 사는 것도 아무 불편없이 살아간다고 생각하시는 분들이 많이 계시겠지만 앞으로 변화될 세상을 미리 감지하고 준비하는 삶을 살아간다면 진정 지금보다 더 즐거운 인생을 살아갈 수 있을 것입니다.

특히나, 비즈니스를 하시고자 하시는 분들은 4차 산업혁명과 5G 시대가 가져올 변화를 미리 감지하고 준비해야 보다 풍요로운 비즈니스를 하실 수 있을 것입니다.

기업체 및 공공기관에서 퇴직을 앞둔 분들은 정말 급변하는 현시대의 발전상을 보면서 시대에 역행하지 말고 시대에 순응하면서 함께 살아가야 가족들과 직원들과 진정한 소통을 하면서 보다 즐거운 인생 보다 풍요로운 삶을 살아갈 것입니다.

다시 한번 말씀드리지만 스마트폰을 단순히 유희의 도구로만 보는 것이 아니라 제 2의 두뇌(Second Brain)라고 생각하시고 관심을 가지고 제대로 배워서 활용을 하는 노력이 필요합니다.

이 책이 여러 분야의 퇴직예정자와 퇴직자분들에게 즐거운 인생을 선물하는 지침서 역할을 했으면 하는 바램입니다.

유튜브(YouTube)에서 4차 산업혁명시대에 꼭 봐야할 영상을 소개해드립니다.

1. 세계미래포럼
2. 스마트폰 활용지도사
3 서울대 김태유 교수 강의 영상
4. 카이스트 이경상 교수 강의 영상
5. 성균관대 최재붕 4차 산업혁명 이야기 강의 영상

QR-CODE를 스캔하시면
"4차 산업혁명 시대에 꼭 봐야 할 영상"에
대해서 소개를 해드립니다

02

SECTION

스마트폰 기계 설명

 삼성, LG, 아이폰

▶ 스마트폰 운영체제

운영체제(OS)는 PC를 사용하기 위해 필요한 가장 기본적인 프로그램 입니다. 운영체제는 사람과 PC사이에 의사소통을 하게 해주는 일종의 [통역사] 역할을 합니다. 예컨대 사람이 명령을 내리면 운영체제는 그것을 받아들여 PC에게 지시를 내리고. PC는 운영체제가 내린 명령에 따라 일을 처리하게 되는 것 입니다.

모바일 운영체제는 스마트폰에 원하는 응용프로그램을 설치하고 컴퓨터로 하던 일들을 처리할 수 있는 환경을 말합니다. 모든 휴대폰에는 운영체제가 들어가 있는데 대표적인 운영체제로는 구글의 안드로이드와 애플의 iOS가 있습니다.

▶ 스마트폰의 운영체제 종류

1. iOS : 애플에서 개발, 아이폰과 아이패드 등 애플 제품에서 사용
2. 안드로이드(Android) OS : 구글에서 개발, 삼성과 LG 제품에서 사용
3. 윈도우 모바일 OS : MS(마이크로소프트)의 윈도우폰에서 사용

2010년에 22.7%였던 안드로이드 점유율이 2017년에는 85.9%로 급증하였습니다.
반대로 iOS는 1.7% 감소하여 14%를 차지하여 안드로이드와 Ios가 전 세계 점유율의 99%를 차지하고 있습니다.

2019년 현재 안드로이드는 세계에서 가장 대표적인 오픈 소스 플랫폼이며, 세계 최다 사용자를 보유한 운영체제입니다. 소스코드 공식 사이트 2008년에 1.0 버전이 첫 등장하여 2018년에 10주년을 기록했습니다.
코드네임은 A부터 시작하여 알파벳순으로 지어지며, 그 이름이 모두 디저트 이름입니다.

CHECK 리스트

▶ 안드로이드 운영체제를 살펴보겠습니다.

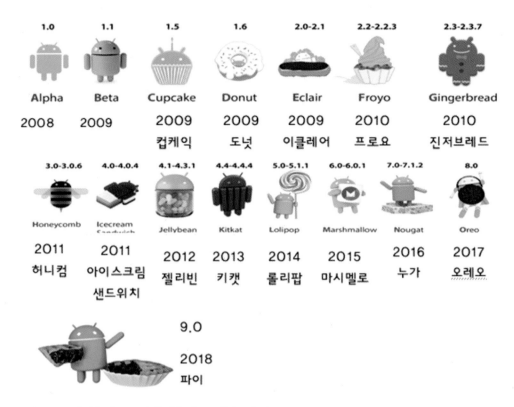

▶ 스마트폰의 화면 구성을 알아보겠습니다.

1. 삼성 휴대폰 (노트 9)

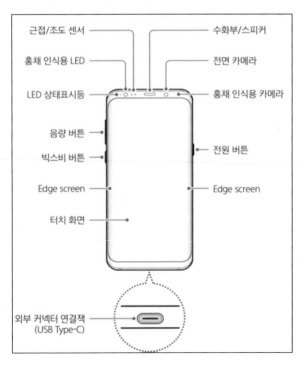

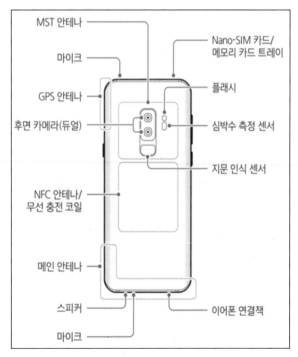

2. LG 휴대폰 (G-820N)

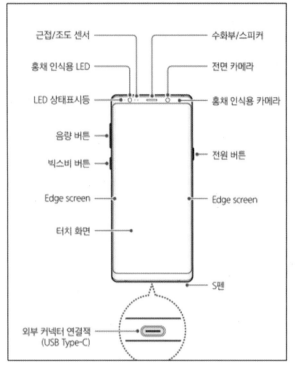

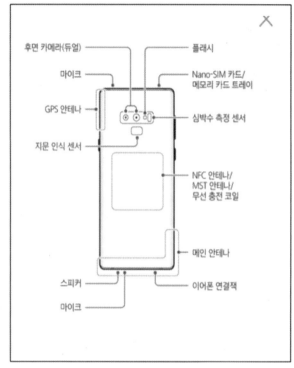

3. 아이폰 (5S)

03
SECTION
연락처 기능 활용하기

 연락처 기능 활용하기

    QR-CODE를 스캔하시면
[연락처 기능] 활용법에 대한
자세한 영상을 보실 수 있습니다.

[전화 / 연락처 앱(App)]을 이용 하여 연락처를 저장하여 정리할 수 있습니다.

본문에서는 공통으로 적용되는 **[기본 전화 앱]**을 기준으로 정리하였습니다.

[T 전화], [후후콜] 기능 및 장점

▶ 통신사 상관없이 설치할 수 있습니다.
▶ 기본 연락처에 저장된 번호는 자동으로 연동되므로 플레이스토어에서 설치하여 기본으로 이용하면
  됩니다.
▶ 휴대폰에 저장되어 있지 않은 번호라도 발신자 정보가 즉시 확인이 되어,
  스팸 및 광고전화 여부를 자동으로 확인, 차단합니다.
▶ T 전화 및 후후콜 홈 화면에서 114 업체 검색이 가능하여 기기에 저장된 번호 외 대한민국의 모든
  상호 검색이 가능합니다.
  ex.) 병원, 맛집, 기관 등의 전화번호 및 주소, 거리, 지도까지 표시됩니다.

── ⒸⒽⒺⒸⓀ 리스트 ──

📱 연락처 등록하기

[전화]를 터치합니다.

① 상대방의
　[연락처를 입력] 후
② [연락처에 추가] 또는
　[+]를 터치합니다.

[새 연락처에 등록]을
터치합니다.

[기존 연락처에 추가]
저장되어 있는 연락처를
변경할 때 사용합니다.

📱 그룹 지정하기

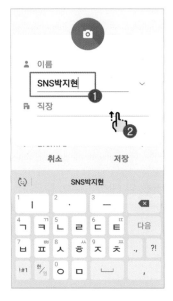

① [이름란]을 터치하여
　이름을 입력한 후
② 화면을 [위로 스크롤]
　합니다.

[그룹]에서 [지정 안 함]을
터치 합니다.

① [원하는 그룹]을 터치한 후
② 좌측상단 [<]
　버튼을 터치합니다.
+ [새 그룹 추가]를 터치하여
원하는 그룹을 만들 수 있습니다.

🔊 벨소리 설정하기

① 그룹이 지정 되었는지
　확인합니다.
② [벨소리 설정]을 하기
　위해 [항목 더보기]를 터치합니다.

① 화면을 [위로스크롤]한 후
② [벨소리]에서
　[기본 벨소리]를 터치합니다.

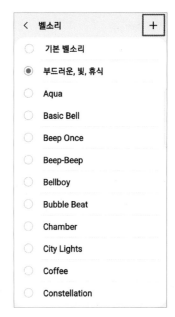

[+] 버튼을 이용하여 내 기기에
있는 음악을 추가할 수 있습니다.
[+] 버튼을 터치합니다.

[작업을 수행할 때 사용하는
애플리케이션]이 나타날 경우
[사운드선택기] 또는
[구글플레이] 중 한개를 터치
합니다.

벨소리로 추가하기를 원하는
① [음악 선택] 후
② [완료]를 터치합니다.

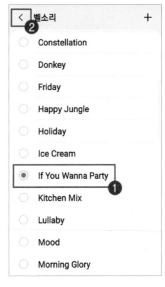

선택한 음악이 벨소리 리스
트에 들어가 있는지 확인합
니다.
① 원하는 벨소리 선택 후
② 좌측상단 [<] 버튼을
　터치 합니다.

📧 중요한 글	
🔄 관계	
📑 메모	
🌐 웹 주소	
💬 메신저 계정	
🎵 벨소리 If You Wanna Party	
📳 진동 패턴	기본

| 취소 | 저장 |

선택한 음악이 지정 되었는지
확인 후 **[저장]**을 터치합니다.

MEMO

_____

_____

_____

_____

_____

_____

_____

_____

_____

📷 연락처 사진 넣기

[카메라] 버튼을
터치합니다.

[세 가지 메뉴]가 나타납니다.
① 이모티콘 : 이모티콘 넣기
② 카메라 : 즉석 촬영 하여 넣기
③ 갤러리 : 갤러리 사진 넣기
갤러리 사진을 넣기 위해
[갤러리]를 터치합니다.

[갤러리 화면]이 나타나면
[사진을 선택]합니다.

사진위치를 수정 할 수 있는
화면이 나타납니다.
[손가락을 이용]하여
[확대, 축소, 이동] 후 원하는
부분을 둥근 원 안으로 배치
합니다. **[완료]**를 터치 합니다.

지정된 사진을 확인합니다.
① 수정을 원하면 **[수정]**
② 삭제를 원하면 **[삭제]**
③ 저장을 원하면 **[저장]**을
　터치합니다.

연락처 사진에 사진이 들어가
있음을 확인할 수 있습니다.
① 다시 사진을 바꾸고자 할
　때는 사진을 터치하여 바꿉
　니다.
② **[저장]**을 터치합니다.

🚚 연락처 수정하기

① **[전화 > 연락처]** 또는
　[연락처 앱]으로 들어갑니다.
② **[수정할 이름]**을 터치 합니다.

[편집] 또는 **[연필]** 모양을
찾아 터치 합니다.

[이름, 사진, 연락처]등을
[수정]한 후 **[저장]**합니다.

📱 단축번호 지정하기

[전화] 버튼을 터치 후
① [키패드] 또는 [연락처]
화면에서 ② 우측 상단 [⋮]를
터치합니다. [지정된 단축번호를 수정]
할 때에도 같은 방법으로 진행합니다.

[단축번호]를 터치합니다.

① [번호목록]을 터치하여
　원하는 단축 번호를 터치합니다.
② 단축번호를 설정할 연락처를
　불러오기 위해
　[👤 주소록]을 터치합니다.

[연락처]를 선택 합니다.

[단축번호]가 지정 되었음을
확인 할 수 있습니다.
[단축번호를 취소]할 경우
지정된 연락처 우측 [―]
버튼을 터치하여 삭제 할 수
있습니다.

단축번호는 [00 ~ 999번까지
지정]할 수 있습니다. (기종 별로
상이) 단축번호 지정 후 [키패드]
에서 [지정할 번호를 2초 이상]
눌러 전화를 겁니다.

빠른 단축번호 지정하기

[빠르게 단축번호를 지정]
해 보겠습니다.
[키패드]에서
[지정할 번호를 2초 이상]
누릅니다.
이 때 아무것도 지정되어 있지
않은 번호를 눌러야 합니다.

[단축번호]를 지정할 수 있는
메뉴가 뜹니다.
[지정]을 터치하고 **[연락처를
선택]** 하여 지정합니다.

[전화 키패드]에서 지정한
[단축번호를 2초 이상]
누르면 발신이 됩니다.

스마트폰 용어 정리

스마트폰(smartphone)
휴대전화에 인터넷 통신과 정보검색 등 컴퓨터 지원 기능을 추가한 지능형 단말기로서 사용자가
원하는 애플리케이션을 설치할 수 있는 것이 특징이다.
기능면에서 휴대전화와 컴퓨터가 결합된 형태이다.
휴대전화와 개인휴대단말기(personal digital assistant; PDA)의 장점을 결합한 것으로, 휴대
전화의 기능은 물론이며 일정관리, 팩스 송수신 및 인터넷 접속 등의 데이터 통신기능을 갖추고
있어 이메일, 웹브라우징, 인터넷 쇼핑이나 뱅킹 등이 가능하다.
TV와 라디오 시청취 등의 방송 서비스와 카메라, 캠코더, MP3 기능, 무전기 기능까지 갖추고
있으며, 워드프로세서나 엑셀 등과 같은 문서작성도 가능하다.

04 SECTION | 스마트폰 기본 활용

 내비게이션바 활용하기

[내비게이션바]는 스마트폰의
하단바 아래쪽에 위치하여 최근
앱, 홈, 뒤로가기 아이콘이
보이는 곳 입니다.
스마트폰에 따라 고정이 되어
있는 경우도 있고 필요할 때
터치하여 나타나게 할 수도
있습니다.

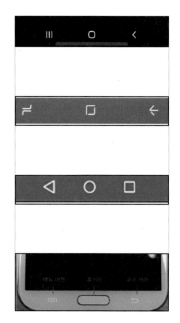

QR-CODE를 스캔하시면
[내비게이션바] 활용법에
대한 자세한 영상을 보실 수
있습니다.

① [최근 앱] ② [홈]
③ [뒤로가기]입니다.

스마트폰마다 내비게이션바의
형태가 약간씩 다르지만
기능은 같습니다.

─ CHECK 리스트 ────────────────────────────

홈 화면에서 내비게이션바의
왼쪽에 있는 아이콘
[최근 앱]을 터치합니다.

① 아래로 드래그 하면 최근에
　사용했던 앱들이 순서대로
　나옵니다. 앱을 터치하면 다시
　실행됩니다. 보이는 형태를
　목록으로 바꿀 수도 있습니다.
② 상단 오른쪽 **[더 보기]**를 터치합니다.

[목록으로 보기]를
터치합니다.

최근 사용했던 앱들이 목록
형태로 보입니다.
멀티화면을 사용하려면
① 영역을 지정할 수도 있고
② 2등분을 선택할 수도 있습
　니다. ① 영역 지정을 터치합니다.

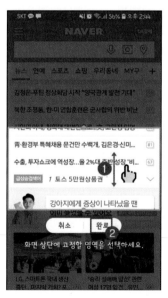
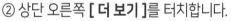

① 위 아래로 조절하여 고정
　하고자 하는 부분을 선택
　합니다. 하늘색라인의
　가운데 점을 드래그하여
　영역을 지정할 수도 있습니다.
② **[완료]**를 터치합니다.

네이버 뉴스에서 지정한
영역이 화면 상단으로 왔습
니다.
최근 목록 중에서
① **[Google]**을 터치해
　봅니다.

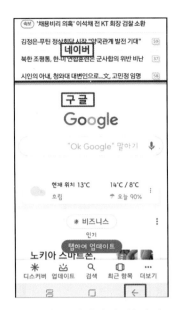

상단에는 네이버가, 하단에는 구글이 동시에 실행되고 있습니다.
뒤로가기 [←]를 터치합니다.

상단에 네이버 화면이 고정된 상태에서 원하는 앱을 터치하여 두가지를 동시에 실행할 수 있습니다.
상단 가운데 삭제 [ⓧ]를 터치하면 멀티화면은 종료됩니다.

앱 실행화면에서 내비게이션바의 왼쪽 끝 [·]을 빠르게 두번 터치하면 하단에 고정시킬 수 있고 다시한번 빠르게 두번 터치하면 고정상태를 해제할 수 있습니다.

스마트폰 용어 정리

상단바
화면의 맨윗부분에 조그맣게 알람, 시간, 배터리,안테나 등이 있는 곳을 의미한다.

독바(하단바)
화면의 맨 아래부분의 전화, 연락처, 인터넷, 문자, 메뉴가 있는 곳을 의미한다.

퀵패널
상단바를 아래로 끌어내리면 wifi, 블루투스, GPS, 진동, 자동회전 등등의 메뉴 버튼이 있고, 현재 진행중인 어플이나 기능을 표시해 두는 곳을 의미한다.

애니메이션 효과
화면을 넘겨서 이동하거나 화면이 꺼지거나 하는 부분에서 이동 효과를 주는 것을 의미한다.

스마트폰 분실시 대처방법

▶ 스마트폰 분실시 대처방법

매년 새로운 스마트폰의 출시가 이어지고 있지만 이와 함께 해마다 분실되는 휴대폰이 100만대에 이른다고 합니다. 휴대폰 분실로 인한 소비자 피해가 5,650억 원에 달하는 것으로 추산되는 반면, 분실한 휴대폰을 다시 찾을 확률은 56%에 불과하다고 합니다. 휴대폰이 분실되면 금전적 손해뿐 아니라 개인정보가 유출되는 등의 2차 피해가 발생할 수도 있습니다.

분실된 휴대폰을 찾기 위해서는 초기 대응이 중요합니다. 휴대폰 분실시 대처 방안에 대해 알아보겠습니다.

1. 분실신고

휴대폰을 분실한 경우 분실 신고와 함께 발신 정지를 신청해야 합니다. 각 이동통신사 고객센터로 전화를 하거나 인터넷 통해 할 수 있습니다.

- ▶ SKT 티월드 → my T → 분실·정지·해제
- ▶ LGU+ 메인 → 고객지원 → 휴대폰 분실 및 파손 → 분실신고
- ▶ KT 메인 → 마이페이지 → 조회·변경 → 분실신고·해제 순서로 하면 됩니다.

2. 분실 확인증 받아두기

분실 확인증은 분실된 휴대폰을 사용한 사람의 개인정보를 확인하기 위해 필요한 자료이므로 받아 두어야 합니다.

경찰청 유실물 종합센터 혹은 가까운 지구대, 경찰서에서 발급받을 수 있습니다.

3. 폰 찾기 앱 활용

안드로이드폰의 경우 안드로이드 기기 관리자 페이지에 접속한 후 휴대폰에 연동해둔 구글 계정으로 휴대폰의 위치추적을 할 수 있습니다. 하지만 이 경우 GPS 기능이 켜져 있을 때만 가능합니다.

애플의 경우에는 나의 'iPhone 찾기 서비스'를 활용하면 위치추적 및 벨 울리기, 화면 잠금, 데이터 초기화 기능을 사용할 수 있습니다.

4. 핸드폰 메아리 서비스

한국정보통신진흥협회(KAIT)는 분실 휴대폰의 주인을 찾아주는 '핸드폰찾기콜센터' 서비스를 제공하고 있습니다. 홈페이지 (http://www.handphone.or.kr)에서 이름과 생년월일,핸드폰 번호를 입력하면 본인의 분실 휴대폰에 대한 습득신고 접수 여부를 확인할 수 있습니다. 휴대폰을 분실하기 전 본인의 연락 정보를 미리 등록해 두면 향후 휴대폰이 분실됐을 때 조회를 해서 자기 휴대전화가 있다면 즉시 이메일로 통보해줍니다.

▶ 택시나 버스에 휴대폰을 두고 내렸을 때

택시에서 휴대폰을 분실했다면 좀 더 신속하게 대처할 수 있습니다. 요금을 신용카드로 결제했을 경우 영수증에서 관련 정보를 확인하여 연락을 할 수 있고, 티머니로 계산했을 경우 티머니 센터에 전화하면 택시의 차량번호는 물론 택시기사의 연락처까지 확인할 수 있습니다.
현금으로 결제했다면 [전국 택시 운송사업조합연합회] 홈페이지를 통해서 유실물을 검색할 수 있습니다.

버스 좌석에 휴대폰을 두고 내리는 경우에는 탑승한 버스의 차고지를 확인해 보면 알 수 있습니다.
차고지에 연락하여 분실물 들어온 것이 있는지 확인해보고, 아직 해당 버스가 차고지에 복귀하지 않았다면 탑승과 하차 시간대 등을 통해 버스 기사님 연락처를 확인, 직접 연락해볼 수 있습니다.

분실 보험에 가입된 경우 보험사에 보상 신청을 하면 되고, 경찰청 유실물 통합 포털사이트인 [LOST 112] 홈페이지에서도 휴대전화 찾기 서비스를 제공하고 있습니다.

▶ 기종별 스마트폰 찾는 방법

1. 안드로이드폰 분실시 대처방법
구글 플레이 웹사이트(www.google.com/android/devicemanager) 에서 로그인을 하면 스마트폰의 위치를 확인할 수 있습니다. 스마트폰을 원격으로 잠그거나 초기화할 수 있어, 개인정보 유출 피해도 막을 수 있는데 이 기능을 이용하기 위해서는 사전에 [환경설정]에서 [디바이스 관리자]를 활성화 해 두어야 합니다.
삼성 안드로이드 폰의 경우, 내 디바이스 찾기(http://findmymobile.samsung.com) 서비스를 이용하면 스마트폰의 정확한 위치를 파악할 수 있고, 원격으로 잠금상태를 설정하거나 잠금 화면에 메세지를 띄울 수도 있습니다. 그리고 최고 볼륨으로 1분간 벨소리를 울리게 하여 찾을 수도 있습니다.

2. 아이폰 분실시 대처방법
PC에서(www. icloud.com/find) 에 로그인하거나, iPad가 있다면 [나의 iPhone 찾기] 앱을 실행하여 지도에서 위치를 확인할 수 있고, 기기가 근처에 있는 경우 알람 소리가 나도록 하여 찾을 수 있습니다.

24시간을 함께하는 필수품인 만큼 분실 시 예방법을 미리 알아 두어 침착하게 대응하도록 해야겠습니다.

📱 글자 크게 하기

스마트폰의 화면 크기나 글씨체 , 글씨크기를 조정하여 좀더 보기 쉽고 사용하기 편하게 조절할 수 있습니다.

QR-CODE를 스캔하시면 [글자 크게 하기]에 대한 자세한 영상을 보실 수 있습니다.

① 상단바를 살짝 내려
② 오른쪽에 있는 톱니바퀴 [설정]을 터치 합니다.
홈화면이나 앱스화면에서 [설정]을 터치 해도 됩니다.

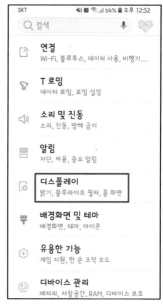

[디스플레이]를 터치합니다.

[글꼴 및 화면확대]을 터치합니다.

화면을 왼쪽으로 넘깁니다.

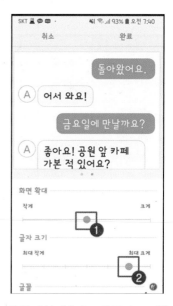

① [화면확대]와 ② [글자 크기]의 파란색 조절점을 좌우로 움직이면 화면과 글씨가 확대, 축소됩니다. ③ 글씨체를 확인하기 위해 화면을 위로 올립니다.

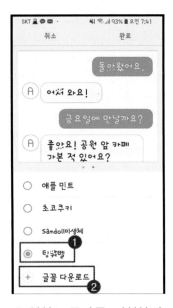

① 원하는 글자를 터치하면 윗 부분의 글씨체가 바뀐 것을 알수 있습니다. 새로운 글씨체를 다운받기 위해
② [글꼴 다운로드]를 터치합니다.

원하는 글꼴을 선택하여 화살표를 누릅니다.

[설치]를 터치합니다.

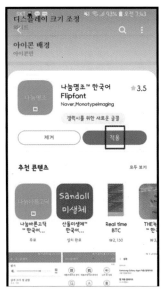

① [적용]을 터치합니다.

다운로드한 [나눔명조] 글씨체를 선택합니다.

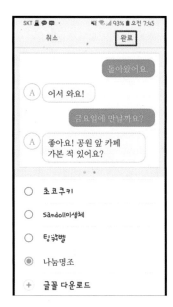

윗부분의 글씨가 [나눔명조]로 바뀌었습니다. [완료]를 터치합니다.

🖥️ 배터리 절약 (블랙화면)

▶ 스마트폰 배터리 절약하는 5가지 방법

24시간 눈을 뜨고 있는 시간은 스마트폰과 잠시도 떨어질 수 없는 요즘 배터리를 절약하는 방법은 기본 상식이라 해도 좋을 것 입니다.

배터리를 절약할 수 있는 많은 방법 중 가장 기본적이면서 효과가 큰 5가지를 알아보겠습니다.

1. 충전 시 전원을 끄거나 비행기 모드, 절전모드로 한다.

통신과 디스플레이에 가장 많은 전력을 사용하기 때문에 비행기 탑승 모드로 통신을 차단하거나, 초 절전 모드를 실행하거나 전원을 끄면 충전 속도도 빨라지고 디스플레이에 소요되는 전력이 차단되어 배터리 수명이 길어집니다.

2. GPS나 블루투스 기능을 꺼둔다.

GPS나 블루투스, 와이파이를 켜 두면 배터리가 빨리 소모됩니다.

와이파이는 항상 필요하지만 GPS나 블루투스를 사용하지 않을 때 켜놓으면 외부 신호를 끊임없이 수신하면서 배터리가 많이 소모됩니다. GPS나 블루투스는 매 순간 필요한 것이 아니기 때문에 평소에는 꺼두었다가 필요할 때만 켜면 배터리의 수명도 늘어나게 됩니다.

3. 사용하지 않는 앱은 닫아 둔다.

한번에 두개 이상의 앱을 실행할 수 있는 멀티태스킹(Multitasking)은 스마트폰의 강력한 기능입니다. 하지만 실행하는 여러가지 앱들이 스마트폰의 프로세서 사이클을 사용하기 때문에 많은 전력을 소모하게 됩니다.

안드로이드에서는 내비게이션바의 [최근 앱] 버튼을 탭한 후, 앱들을 닫을 수 있고. iOS에서는 홈 버튼을 두번 탭해 멀티태스킹 화면이 나타나면 위로 올려 앱을 닫을 수 있습니다.

스마트폰 용어 정리

패턴
비밀번호와 동일한 이치로서 3x3의 화면에서 조합된 비밀번호를 그리는 방식이다.

어플("모바일 앱"과 같은 의미)
소프트웨어 프로그램을 일컫는 말로서 정확한 영문으로는 Application이고 한국식 발음으로 어플이다. 줄여서 "앱"이라고도 한다. 컴퓨터에 설치해 사용하는 여러 프로그램과 같은 개념이다.

4. 화면 밝기를 낮추거나 자동밝기 조절 기능을 사용한다.

대부분의 전화기에는 자동 밝기 기능이 있는데, 주변 밝기에 맞게 화면 밝기를 자동으로 조정합니다.

실내에서 불편함 없이 사용할 수 있는 화면 밝기는30~40% 정도입니다.

배터리를 많이 사용하지 않으면서도 화면의 정보를 보는데는 충분한 밝기입니다.

5. 배경화면을 어두운 색으로 설정 해 둔다.

스마트폰의 크고 화려한 화면이 좋긴 하지만 이는 배터리의 수명에는 치명적입니다. 화면은 스마트폰의 다른 구성 요소보다 가장 많이 배터리 전력을 소비하는데 특히, 화면이 밝을 수록, 색상이 다양하고 화려할수록 배터리가 빨리 소모됩니다. 따라서 홈화면과 배경화면을 어두운 색이나 블랙으로 해 두면 배터리 소모를 줄일 수 있습니다. 블랙화면은 전체 배터리 사용량의 15~20%를 절약 할 수 있습니다.

스마트폰 홈 화면 배경을 블랙으로 바꾸는 방법을 알아보겠습니다.

블랙으로 사진을 촬영하여 설정할 수도 있고 올 블랙 이미지를 다운받아 배경화면으로 설정할 수도 있습니다.

여기서는 사진을 촬영하여 적용해 보겠습니다.

QR-CODE를 스캔하시면
[블랙 배경화면] 만드는 방법에 대한
자세한 영상을 보실 수 있습니다.

스마트폰 용어 정리

구글 플레이(Play) 스토어

구글 플레이(Play)스토어는 구글이 운영하고 있는 구글 안드로이드용 애플리케이션을 다운로드를 할 수 있게 해주는 서비스이다.

구글플레이 스토어가 애플의 앱스토어와 다른 점은 구글의 정책에 따라 사용자가 구입한 지 24시간 내에 다운로드한 애플리케이션의 환불을 요구하면 구매금액의 전액을 환불해준다.

스마트폰 카메라를 실행
합니다.
스마트폰 케이스가 부착되어
있다면 분리해서 하시면 더
좋습니다.

스마트폰을 책상이나 검은
종이에 밀착시켜 사진을
촬영합니다.

※ 조금이라도 빛이 들어가면
블랙이 되지 않으므로 케이
스를 분리한 후 밀착시켜야
합니다.

[갤러리]에서 방금 촬영한
블랙 이미지를 선택 합니다.
오른쪽 상단의 더 보기
[⋮]를 터치합니다.

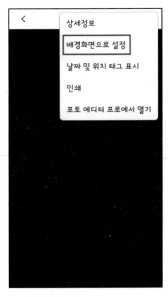

[배경화면으로 설정]을
터치합니다.

② [홈 화면 및 잠금 화면]을
터치합니다.

[배경화면으로 설정]을
터치합니다.

📱 상단 알림바 활용하기

[**상단바**]는 스마트폰의 맨 위쪽에 위치하여 알람, 시계, 배터리, 안테나가 있는 곳입니다.
다운받은 앱의 알림을 설정해 두면 알림이 왔을 때 표시가 되기도 합니다.

QR-CODE를 스캔하시면 [**상단바**] 활용법에 대한 자세한 영상을 보실 수 있습니다.

맨 윗부분의 상단바에 왼쪽에는 새로운 알림 신호가, 오른쪽에는 배터리 안테나를 한 손가락으로 살짝 내립니다.

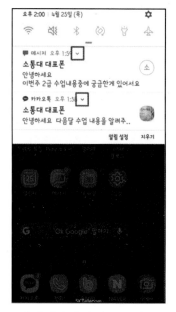

문자메시지와 카카오톡 메뉴에 메시지가 도착해 있습니다.
글씨부분을 터치하면 전체 화면이 열리고 [v]를 터치하면 자세한 내용을 볼 수 있습니다.

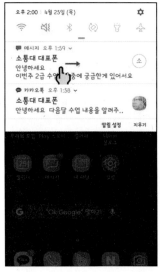

오른쪽으로 살짝 드래그 합니다.
※ 길게 드래그 하면 알림이 삭제되므로 주의하세요

① 다시 알림을 받을 수도 있고
② 알림 설정을 할 수도 있습니다.

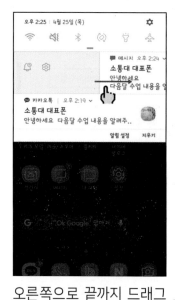

오른쪽으로 끝까지 드래그 하면 홈 화면의 알림이 삭제됩니다.
스마트폰 기종마다 다를 수 있습니다.

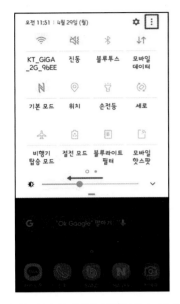

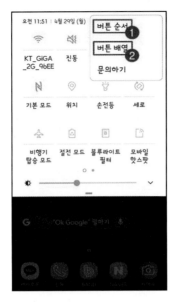

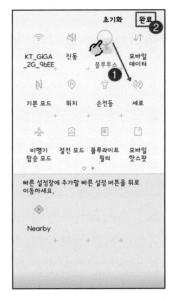

상단바를 두번 내리거나 두손
가락으로 내리면 전체 알림창이
펼쳐집니다. 오른쪽 상단의
점3개 [더보기]를 터치합니다.

① [버튼 순서]를 터치하면
　순서를 조절할 수 있고
② [버튼 배열]을 터치하면
　3X3, 4X3, 5X3 으로
　배열을 바꿀 수 있습니다.

버튼 순서를 터치하여 옮기
고자 하는 버튼을 꾸욱 눌러
원하는 위치로 드래그하면
순서를 바꿀수 있습니다.

🚚 스마트폰 보험

▶ 스마트폰 보험이란 ?

스마트폰을 처음 가입하거나 기기변경을 할때 대리점 직원들이 고가의 휴대폰 일수록 분실, 파손에 대비해
보험가입 권유를 합니다.

스마트폰 보험이란 매월 일정액의 보험료를 내면 분실, 도난, 파손으로 인해 손해가 발생할 경우 계약된
보장 내용 안에서 일정 부분 보상을 해주는 것입니다. 소비자 입장에서는 분실이나 파손 등으로 부담해야
하는 비용을 일정 부분 줄일 수 있어서 보험 가입을 고민하게 됩니다.

보험 가입 조건은 신규, 기기변경, 번호이동후 30일 이내(D+30일)에 가입이 가능합니다. 보험 가입 후
효력은 다음날 부터 발생하기 때문에 가입 당일 휴대폰을 분실 하거나 잃어버리게 되면 보상을 받을 수
없습니다.

단말기 보험은 분실·도난과 파손을 모두 보상받을 수 있는 보험과 파손 시에 수리비만 보상받을 수 있는
보험 두가지가 있습니다. 보험을 가입하게 되면 보험 관련법에 의해 사업자는 약관을 제공하고 계약 사항중
주요 내용을 소비자에게 설명합니다.

보험 용어가 조금은 어렵긴 하지만 단말기 보험도 보험 회사가 판매하는 보험 상품이므로 주요 약관과 보험
용어에 대한 이해가 필요합니다.

몇가지 용어를 살펴 보겠습니다.

1. 피 보험자 : 보험의 보장 혜택을 받을 수 있는 사람
2. 보상 한도액 : 보상받을 수 있는 최대 금액
3. 자기부담금 : 보상 시 일부를 소비자가 부담할 금액
4. 보험 가입금액 : 보상한도 금액
5. 보험 목적물 : 보상받는 대상- 스마트폰
6. 전손 사고(전부손해) : 보험가입금액 보다 지급될 보험금이 더 많거나 같음
7. 분손 사고 (일부 손해): 보험 가입금액(보상한도)를 초과하지 않은 경우
8. 보장기간 : 보상 받을 수 있는 기간
9. 담보 : 보험사가 보장하는 것
10. 담보지역 : 보상 받을 수 있는 사고 장소
11. 잔존물 : 보상을 이미 끝낸 스마트폰

보험 가입을 고민하는 것은 장차 일어날 수도 있는 사고에 대한 불안감 때문인데요.

경우에 따라 스마트폰을 사용하는 동안 한번도 보상을 안 받을 수도 있고, 여러 번 받을 수도 있습니다.

한가지 중요한 것은 시간이 지날수록 단말기 가치는 하락한다는 것입니다.

즉 손해액의 기준이 되는 단말기 출고가도 점점 낮아지게 됩니다. 경우에 따라 내가 부담해야 할 금액보다 중고폰 가격이 더 낮을 수도 있습니다.

스마트폰 보험은 의무 유지 기간이 없습니다. 따라서 언제든 통신사 고객센터를 통해 해지할 수 있습니다.

자세한 내용은 이동통신사의 보험 사이트를 참고 하시기 바랍니다.

스마트폰 용어 정리

앱스토어
애플사에서 운영하고 있는 아이폰 및 아이팟 터치용 응용 프로그램(애플리케이션) 다운로드 서비스로 2008년 7월 10일부터 아이튠즈의 업데이트 형태로 앱스토어 서비스를 시작했다.

모바일 클라우드 서비스
영화, 음악, 사진, 문서, 주소록 등 사용자의 콘텐츠를 서버에 저장해 두고 스마트폰이나 스마트패드 등에서 다운로드 후 사용할 수 있는 서비스, 와이파이 또는 3G, 4G 네트워크로 연결하여 사용한다. 네이버의 N드라이브가 클라우드 서비스의 대표적이라고 보면 된다.

📱 스마트폰 요금제

▶ 스마트폰 요금제

내가 사용하는 요금제는 얼마일까요?

통신비 절약을 위해서는 우선 본인의 사용량이 얼마나 되는지 알아야 합니다. 하지만 우리나라 통신 소비자 4명 중 1명은 자신이 사용하는 휴대폰 요금제나 부가서비스에 대해 잘 모르고 있다는 조사 결과가 나왔습니다.

통신비에 대한 이해도가 낮은 경우, 자신의 사용 패턴과 관계없이 엉뚱한 요금제로 인해 불필요한 지출을 하고 있을 것 입니다. 자신의 요금제가 제공하는 혜택과 요금에 대한 내용을 자세히 알아 볼 수 있는 곳을 소개해 드리겠습니다.

▶ 통신 요금제 비교는 스마트초이스에서!

한국통신사업자연합회(KTOA)가 운영하는 통신요금 정보포털-스마트초이스(www.smartchoice.or.kr)에서는 국내 이동통신사의 요금제를 비교·추천하는 서비스인 [스마트가이드]를 운영하고 있습니다. 이동통신3사(SKT, KT, LGU+)의 443개 요금제와 20여개 알뜰폰 통신사의 1,045개 요금제를 합친 총 1,488개, 국내 대부분의 통신요금을 한눈에 비교할 수 있습니다.

해당 서비스를 이용하기 위해서는 먼저 자신의 음성, 문자, 데이터 사용량을 살펴본 후, [이동전화요금제] 추천 메뉴에서 자신의 사용량을 입력해 적합한 요금제를 확인해볼 수 있습니다.

알뜰폰 사업자가 신규 요금제를 출시하거나 기존 요금제를 수정하면 [스마트초이스 요금제] 정보도 당일에 바로 업데이트되기 때문에, 빠르게 정보를 얻을 수 있습니다.

또한 단말기 지원금조회, 미환급액조회 등의 서비스를 제공하고 있으니 통신사를 옮길 때 활용해 보면 좋습니다. 휴대전화를 구입할 때는 요금제를 보통 1~2년 단위로 약정해 구매를 하게 됩니다.

이때 소비자는 통신사와 제조사가 제공하는 단말기 지원금과 매달 할인받는 선택 약정 할인 중에서 선택할 수 있습니다.

선택 약정 할인의 경우 2017년부터 20%에서 25%로 할인율이 5% 포인트 올랐는데 지원금과 선택 약정 할인 중 할인 폭이 큰 쪽을 선택하면 됩니다.

이 역시 '스마트초이스'에서 [단말기 지원급 VS. 25% 요금할인] 메뉴를 활용하면 편리합니다.

▶ 휴대폰 단말기 가격 확인은?

스마트폰은 한 대당 100만원이 넘는 고가의 필수품이 되었습니다. 조사한 바에 의하면 월평균 통신비 중에서도 휴대전화 할부금 등 통신장비 지출은 23.2%로 큰 비중을 차지하고 있습니다. 따라서 휴대전화를 교체할 때는 단말기 가격도 꼼꼼히 따져봐야 합니다.

방송통신위원회가 운영하는 '와이즈 유저 (www.wiseuser.go.kr)' 의 [휴대폰 가격비교]를 조회하면 국내외 출시된 휴대폰 단말기의 업데이트된 출고가를 매월 확인할 수 있습니다.

▶ 요금제 변경 시 소비자가 꼭 확인할 사항

1. 휴대폰 계약의 약정조건 및 약정에 따른 할인금액, 요금제, 월 납부액(단말기 대금 및 이동통신 요금) 등 계약의 주요 내용을 확인합니다.
2. 특히 단말기 대금이 무료라고 광고하는 경우, 월 납부금액에 이동통신 요금 외에 단말기 대금이 포함되지 않음을 반드시 확인합니다.
3. 향후에 사용하던 요금제를 변경하고자 할 경우, 변경 방법과 절차를 미리 알아둡니다.
4. 계약서는 정본(사본)을 반드시 받아야 합니다.
5. 제휴 할인이나 각종 프로모션 등 할인 혜택의 경우 별도의 서명을 받거나, 또는 계약서에 해당 내용이 포함되어 있는지 확인합니다.
6. 약정 기간내에 계약 해지시 예상되는 위약금을 사전에 확인합니다.
7. 계약 사항에 부가서비스가 포함되어 있는지 확인하고, 필요하지 않은 서비스의 경우 신청하지 않는것이 좋습니다.

이동통신 3사도 2019년 4월5일부터 일제히 5G 요금제를 출시했고 제조사에서도 5G폰 마케팅에 돌입했습니다.

자신의 데이터 사용량과 이용 패턴 등을 고려해 단말기부터 요금제까지 차근차근 결정해야 할 시기입니다.

스마트폰 용어 정리

1세대 2세대 3세대 4세대 5세대 통신의 의미(G는 'Generation(세대)'약자입니다)

1G : 1세대 이동통신,음성통화만 가능,1984년부터 사용(한국 이동통신 서비스)

2G : 2세대 이동통신,음성 문자전송가능,1996년부터 사용(아나로그에서 디지털로 전환)

3G : 3세대 이동통신,사진 동영상까지 전송(멀티미디어통신),2002년부터 사용(유심사용)

4G : 4세대 이동통신,데이터전송 가능,2011년부터 사용(스마트폰 활용 전성기)

5G : 5세대 이동통신,4G에 비해 전송, 응답속도 향상, 고화질(HD)영화 1편을 1초에 내려받는 시대, 2019년 4월 적용.

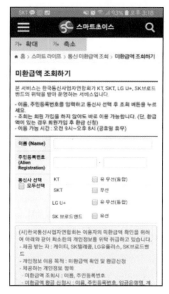

네이버나 다음 구글등 포털
사이트에서 **[스마트초이스]**
라고 검색 합니다.
스마트초이스 모바일 버전
화면이 보여집니다.
[이동전화 요금제]를 터치 합니다.

요금제를 비교할 수 있는 창이
열립니다. 필요한 내용을 입력
하면 각 통신사별 요금제를
비교할 수 있습니다.

통신비 **[미환급액 조회하기]**
에서 인적사항을 입력하면
미환급액이 있는지 여부를
확인할 수 있습니다.

첫 화면으로 돌아와서 왼쪽
상단의삼선 **[≡]** 을 터치
합니다.

요금제 관련 정보가 있는
① **[스마트 가이드]** 기기에
　관련된 자세한 정보가 있는
② **[스마트 라이프]** 품질을
　비교할 수 있는
③ **[스마트리포트]**등이 있습니다.

[스마트 가이드]를 선택한
화면입니다.

지메일 계정 설정하기

QR-CODE를 스캔하시면
[지메일 계정 만드는 방법]에 대한 자세한 영상을 보실 수 있습니다.

구글계정 (Google Account)은 구글의 온라인 서비스에 접근 인증과 허가를 제공하는 사용자 계정입니다.

스마트폰(구글 안드로이드 스마트폰)을 사용하기 위해서는 지메일(g-mail) 계정을 만들어야 합니다.

지메일 계정은 여러 개를 만들 수 있습니다.

지메일 계정을 알고 있어도 비밀번호를 모르기 때문에 스마트폰을 사용하는데 있어 제약이 생기게 됩니다.

지메일 계정과 비밀번호를 꼭 기억하거나 메모를 해 놓아야 합니다.

자신의 스마트폰에서 지메일 계정을 새로 만드는 것에 대해 알아보겠습니다.

홈 화면에서 구글 아이콘을 선택합니다.

오른쪽 하단의 **[더보기]**를 터치합니다.

맨 위의 이름과 주소가 있는 부분을 터치합니다.

[다른 계정 추가]를
터치 합니다.

[계정만들기]를
터치합니다.

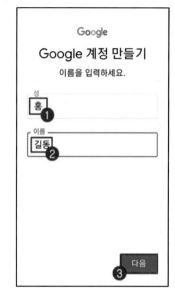

① 자신의 [성]과
② [이름]을 입력한 후
③ [다음]을 터치 합니다.

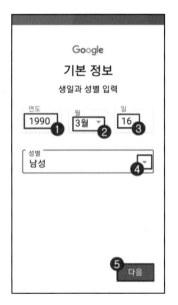

① 자신의 출생연도를 입력한 후
② 역삼각형 아이콘을 터치하여
　태어난 달을 선택 합니다.
③ 태어난 날짜를 선택합니다.
④ 역삼각형 아이콘을 터치하여
　성별을 선택한 후
⑤ [다음]을 터치합니다.

로그인 방법 화면에서
① [사용자 이름]에 사용할
　계정을 영문으로 입력한 후
② [다음]을 터치합니다.

방금전에 입력한
[gildong]이라는 이름을
누군가가 사용하고 있어서
비슷한 다른 이름을 추천해
줍니다. 추천한 이름을 사용
할 수도 있고 다른 이름을
입력해도 됩니다.

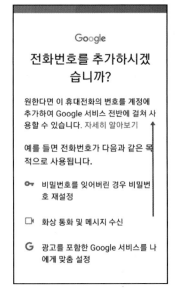

① [gildonglife]라고 입력한 후
② [다음]을 터치합니다.

[비밀번호를 만드세요]
화면에서
① 8자리 비밀번호를 입력합니다.
② 다시한번 위에 입력한 비밀번호를
   입력 한 후 ③ [다음]을 터치합
   니다.

화면을 위로 올립니다.
구글계정을 생성하는데 있어
필요한 사항들을 설명하는
화면들이 보여집니다.

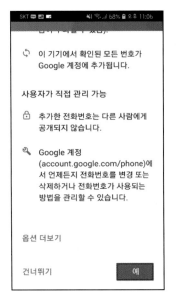

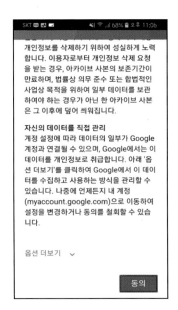

구글계정을 생성하는데 있어
필요한 사항들을 설명하는
화면들이 보여집니다.

[예]를 터치합니다.

구글계정을 생성하는데 있어
필요한 사항들을 설명하는
화면들이 보여집니다.

[동의]를 터치합니다.

구글 계정이 성공적으로
만들어졌습니다.

홈 화면 폴더 만들고 정리하기

[홈 화면]은 스마트폰을 켜자마자 나오는 첫번째 화면입니다.
[홈 화면]에 있는 앱들을 자주 사용하는 순서대로 배열하고 비슷한 종류는 폴더를 만들어 정리해 두면 필요한 앱을 쉽고 간편하게 찾을 수 있습니다.

QR-CODE를 스캔하시면 [홈 화면 폴더 만들고 정리하기] 에 대한 자세한 영상을 보실 수 있습니다.

① 상단바를 살짝 내려
② 오른쪽에 있는 톱니바퀴 [설정]을 터치 합니다.
홈화면이나 앱스화면에서 [설정]을 터치 해도 됩니다.

[디스플레이]를 터치합니다.
★ 스마트폰 기종에 따라 화면이 달리 보일 수 있습니다.

① [홈 화면 및 앱스 화면 사용]은 다운로드한 모든 앱을 앱스화면에, 자주 사용하는 앱은 홈 화면에 두고 사용하는 방식이고
② [홈 화면만 사용]은 모든 앱을 홈 화면에 두고 사용하는 방식입니다.

[홈 화면]을 터치합니다.

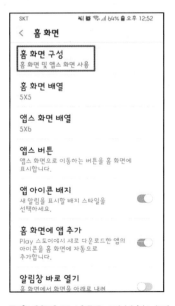

[홈 화면 구성]을 터치합니다.

[홈 화면]에 있는 앱들은 언제든 원하는 위치로 바꿀 수 있습니다. 이동시키고자 하는 앱을 꾸욱 누릅니다.
※ 살짝 터치하면 앱이 실행 되므로 주의 하세요

원하는 위치로 드래그 하여 앱을 이동시킵니다.

자주 사용하는 앱을 홈 화면으로 가져오기 위해 앱스 화면을 실행 합니다.
하단바의 ① [앱스]를 터치 하거나 ② 화면 중간 부분을 살짝 올리거나 ③ 내리면 됩 니다.

① [휴대전화 검색]란에 찾고자 하는 앱의 이름을 입력 하거나
② 화면을 좌우로 이동하여 찾습니다.

네이버 카페를 찾기 위해
① [카페]라고 입력 했더니
② 네이버카페 아이콘이 바로 보입니다.
이때 아이콘을 꾸욱 눌러 [앱 위치를 찾기]를 터치 합니다.
※ 아아콘을 터치하면 앱이 실행되므로 반드시 꾸욱 누르셔야 합니다.

찾고자 하는 [네이버카페] 앱이 흔들리고 있습니다.
이때도 아이콘을 꾸욱 눌러
② [홈화면에 추가]를 터치 합니다

① 홈 화면에 네이버 카페 앱이
자리 잡았습니다. 네이버 앱을
모아 폴더를 만들기 위해
① [네이버 카페] 앱을 꾸욱
누릅니다.
② [항목 선택]을 터치 합니다.

모든 아이콘 왼쪽 윗부분에
동그라미 [선택 창]이 생겼습니다.
화면을 좌우로 이동하여 하나로
묶고자 하는 앱들을 선택 합니다.
① [네이버 블로그]와
② [NAVER]를 선택 했습니다.
③ 오른쪽 상단의 [폴더 추가]를 터치

① [폴더 이름 입력]을 터치
하여 원하는 폴더명을
입력 합니다. 폴더의
배경색을 바꾸기 위해
② 오른쪽의 흰색 원을 선택
합니다.

원하는 색상을 선택 합니다.
다양한 컬러를 선택할 수 있습
니다. 무지개 원형 아이콘을
터치하면 원하는 색상의 폴더를
만들 수 있습니다.

① [네이버]라고 이름 지은 폴더의
배경이 베이지 색으로 바뀌었
습니다.
홈 화면 자체를 추가하기 위해
② 화면 양쪽 모서리를 동시에 드래그 합니다.

화면을 왼쪽으로 드래그
합니다.

① [+]를 터치하면 홈 화면이
　추가 됩니다. 홈 화면 배열을
　바꾸기 위해
② [홈 화면 설정]을 터치합니다.

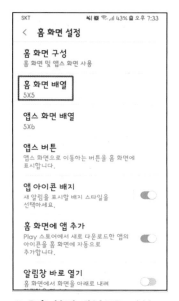

① [홈 화면 배열]을 터치
　합니다.

① 배열 형태를 선택하면 홈
　화면의 배열이 바뀝니다.
② [적용]을 터치합니다.

 화면 꺼짐 시간 설정

스마트폰으로 뉴스나 신문기사
를 보는 도중 화면이 자꾸 꺼져
서 홈버튼을 눌러야 다시 화면
이 보이는 경우가 많습니다.
각자의 사용패턴에 맞게
[화면 꺼짐 시간 설정]으로
조절해 보겠습니다.

QR-CODE를 스캔하시면
[화면 꺼짐 시간 설정] 조절에
대한 자세한 영상을 보실 수
있습니다.

① 상단바를 살짝 내려
② 오른쪽 위에 있는 톱니바퀴
　[설정]을 터치합니다.
홈 화면이나 앱스 화면에서
[설정]을 터치해도 됩니다.

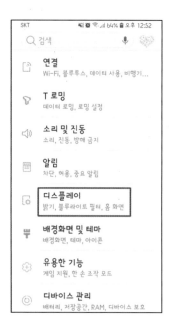

[디스플레이]를 터치합니다.

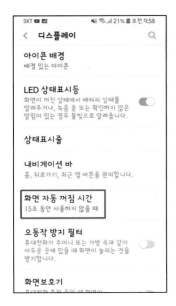

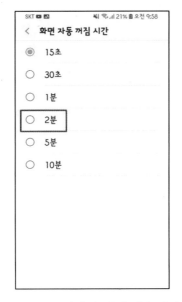

화면을 위로 올려
[디스플레이]를 터치합니다.

15초로 설정이 되어 있습니다.
[2분]으로 설정 후 뒤로가기
[←]를 터치합니다.

[화면 자동 꺼짐 시간]이
'2분동안 사용하지 않을 때' 로
설정 되었습니다.

와이파이 설정하기

QR-CODE를 스캔하시면
[wi-fi] 설정방법에 대한
자세한 영상을 보실 수
있습니다.

▶ [wi-fi]는 Wireless Fidelity (단거리 고성능 무선 통신 랩)의 줄임말로 Wi-Fi 존 이란 무선 인터넷
  사용이 가능란 지역이라는 의미 입니다. Wi-Fi 수신을 통해 [3G] 의 추가 데이터 과금없이 무선 인터넷을
  즐길 수 있습니다. 3G와 와이파이는 둘 중 하나만 연결이 됩니다.
  통신사를 이용하거나 공유기를 이용하면 됩니다. 3G와 와이파이를 둘 다 켜 두면 자동으로 연결이
  되는데 와이파이가 우선입니다. 와이파이를 사용할 경우 간혹 인터넷이 안되는 경우에는 와이파이와
  3G가 충돌이 일어났기 때문인데 와이파이를 잠시 꺼두면 인터넷이 됩니다. 3G로 인터넷을 잠시 한 후에
  다시 와이파이를 연결해서 사용하면 인터넷이 잘 됩니다.

휴대폰에서 와이파이를 연결하는 방법을 알아보겠습니다.

① 상단바를 살짝 내려
② 오른쪽 위에 있는 톱니바퀴
 [설정]을 터치합니다.
홈 화면이나 앱스 화면에서
[설정]을 터치해도 됩니다.

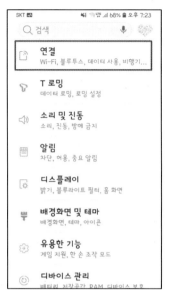

[연결]을 터치합니다.

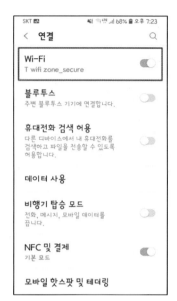

맨 윗부분의 [wi-fi]를 터치
합니다.

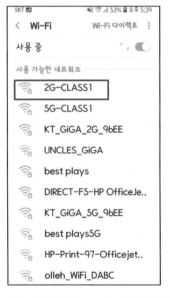

있는 장소의 wi-fi 아이디를
찾습니다. 만약 보이지 않으면
맨 아래쪽 [+]를 터치하여
직접 입력해도 됩니다.

[비밀번호]를 입력합니다.

ID: 2G Class1
 5G Class1
Password : 97933265

커피숍이나 공공기관, 일반
가정에서도 wi-fi 를 사용할
수 있는 곳은 아이디와 비밀
번호가 있습니다.

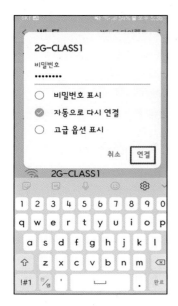

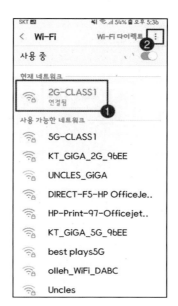

비밀번호를 입력한 후
[**연결**]을 터치합니다.

① 와이파이가 연결 되었습
　니다. 같은 장소에 방문
　했을때 비밀번호를 입력
　하지 않아도 자동으로 연결
　되도록 설정해 보겠습니다.
② [⋮]더보기를 터치합니다.

[**고급**]을 터치한 후
[**Wi-Fi 자동 켜기**]버튼을
활성화 해 놓으면
한번의 설정으로 편하게
이용할 수 있습니다

MEMO

 앱스화면에서 앱 검색하기

[홈 화면]과 [앱스 화면]을
구분하여 자유롭게 활용 할 수 있습니다.

QR-CODE를 스캔하시면
[앱 검색]에 대한
자세한 영상을 보실 수 있습니다.

[독바의 유무]에 따라 화면을
구분합니다.
하단 이미지를 참고하세요.

[홈 화면]

[홈 버튼]을 눌렀을 때 나타나는 화면
☞ [독바가 있음]

[앱스 화면]

[홈 화면]에서 [앱 모음 버튼]을 터치하거나,
[화면 위로스크롤]할 때 나타나는 화면
☞ [독바가 없음]

[홈 버튼이 자동 숨김(제스처)으로 되어있는 경우]
' 설정 > 디스플레이 > 내비게이션 바 > 내비게이션 스타일 > 내비게이션 버튼 ' 을 선택합니다.

MEMO

....

....

....

....

....

📱 앱스 버튼 활성화 시키기

[앱스 버튼이 숨겨져 있는 경우]

[홈 화면]의 [빈 여백]을
[2초 이상 터치] 합니다.

[홈 화면 설정]을 터치합니다.

[앱스 버튼]을 터치하여
활성화시킵니다.

[홈 화면]에서
[앱스 버튼]을 터치 하거나
화면을 [위로 스크롤]
합니다.

모든 어플이 한눈에 보이는
[앱스화면]이 나타납니다.
[상단 검색창]을 터치합니다.

[필요한 앱 이름]을 입력합니다.
여기서는 계산기를 찾아보겠습니다.
① **[계산기]**를 입력합니다.
② **[계산기]** 앱이 나오면 터치하여
　 실행하거나, 2초 이상 눌러
　 위치를 확인 합니다.
③ **[검색결과보기]**를 눌러 더
　 많은 정보들을 확인할 수도
　 있습니다.

[앱의 위치]를 찾아보겠습니다.
검색 결과가 나타나면
① [앱을 2초 이상] 누릅니다.
② [앱 위치 찾기]를 터치합니다.

앱의 위치가 나타납니다.
[앱을 2초 이상 터치]하면
메뉴가 나타납니다.

[홈 화면에 추가], [설치 삭제]
[앱 정보] 보기 등 원하는
작업을 할 수 있습니다.

스마트폰 용어 정리

위젯(widget)

위젯의 사전적 의미는 '소형 장치' 또는 '부품' 이다. 컴퓨터 분야에서 사용되는 위젯이라는 용어는 이용자와 응용프로그램 운영체계와의 상호작용을 보다 원활하게 지원해주는 그래픽 유저 인터페이스(GUI;그래픽을 통해 작업할 수 있는 환경을 뜻하는 말로, 마우스를 이용하여 화면의 메뉴 중 하나를 선택하여 작업하는 형태)의 하나인 미니 애플리케이션(응용프로그램, 소프트웨어)을 의미한다.

위젯은 날씨·계산기·시계와 같은 유용한 기능과 각종 정보(콘텐츠)를 담고 있는 작은 크기의 애플리케이션으로, 바로가기(단축) 아이콘 형태로 만들어 이를 클릭만 하면 해당 서비스를 바로 이용할 수 있도록 만들어졌다.

05
SECTION

말로 문자 보내기

시니어들이 스마트폰을 사용하는데 있어 가장 힘든것중에 하나가 문자를 보내거나 자판을 사용하는데 있어 타자치는게 익숙치 않다보니 많은 분들이 힘들어 하고 있습니다.

스마트폰 자판을 손가락으로 터치해서 입력하지 않고 말로 내가 원하는 내용을 텍스트로 보낼 수 있다면 얼마나 좋겠습니까?

대부분의 사람들이 스마트폰 자판에 **[음성 마이크]** 기능이 있는데 잘 모르고 사용을 안하고 있습니다.

오늘부터는 스마트폰 자판에 **[음성 마이크]** 기능을 사용하셔서 문자 보낼때나 카카오톡 하실 때 또는 메모하실 때 손가락으로 자판을 두들기지 않으셔도 됩니다.

이젠 말로 문자를 보내시면서 즐겁게 스마트폰 사용을 하시면 좋겠습니다.

[QR-CODE]를 스캔하시면
자판에서 마이크가 보이지
않는 경우 해결하는 방법에
대한 영상강좌를 보실 수 있습니다.

ⓒⒽⒺⒸⓀ 리스트

📱 LG G4 스마트폰의 경우

[LG G4 스마트폰 문자 보내기] 화면입니다.
① 문자를 보낼 사람의 **[전화번호]**를 입력합니다.
② **[메시지]**를 입력하라는 문구가 보입니다. 자판 좌측하단에
③ **[톱니바퀴]** 아이콘을 터치합니다

[음성 마이크] 아이콘이 보여집니다. 간혹가다가 **[마이크]** 아이콘이 안보이는 경우가 있는데 그런 경우에는 **[네이버 스마트보드]**를 설치하시면 바로 **[마이크]** 아이콘을 나타나게 할 수 있습니다.

[음성 마이크] 터치하면 원형 안에 마이크 아이콘이 보이는데 녹색 원형 테두리가 떨리는 것처럼 움직일 때 자신이 보내고 싶은 문장을 말로 하면 됩니다.

스마트폰 용어 정리

와이브로(wibro)

'Wireless Broadband Internet'의 줄임말로 '무선 광대역 인터넷 서비스', '무선 광대역 인터넷' 등으로 풀이된다.

와이브로의 특징은 휴대폰, 스마트폰의 3G, 4G 이동통신처럼 언제 어디서나 이동하면서 인터넷을 이용할 수 있다는 점이다.

이론적으로 최대 다운로드 속도는 10Mbps, 최대 전송 거리는 1km이며, 시속 120km로 이동하면서 사용할 수 있다. 보다 빠르게, 보다 넓은 곳에서 사용할 수 있는 이동형 인터넷이다.

말로 할 경우 스마트폰과
입술의 간격은 10Cm
정도가 적당합니다.
[원형 마이크] 아이콘을 터치하면 회색으로
바뀌게 되는데 그런경우 말을 해도 인식하지 않습니다.
다시 **[원형 마이크]**를 터치하면 음성을 인식 하게됩니다.
① 말을 하다보면 오타가 나올 수 있는데 그런 경우
② **[x]** 아이콘을 터치하면 자판이 보이는데 오타난
   부분을 지우고 수정해서 보낼 수 있습니다.

① 오타난 부분을 지우고
   수정합니다.

수정이 완료되면
① **[전송]** 버튼을 터치하면
   보내고 싶은 상대방에게
   문자가 전송됩니다.

**[노트5 스마트폰문자
보내기 화면]**입니다.
① **[메시지]**를 입력하라는
   문구가 보입니다.
② **[마이크]**아이콘이 보이면
   터치합니다. 만약 보이지
   않으면 **[톱니바퀴]** 아이콘을
   꾸욱 눌러봅니다.

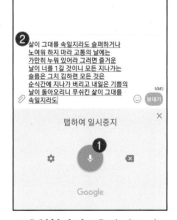

① **[원형마이크]** 아이콘이
   나오는데 보내고 싶은
   문장을 말로합니다.
② 말로한 문장들이 글로
   보여집니다.

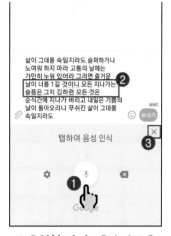

① **[원형 마이크]**아이콘을
   터치하면 음성 인식을
   하지 못합니다.
② 오타가 난 부분을 수정
   하고 싶다면
③ **[x]** 아이콘을 터치합니다.

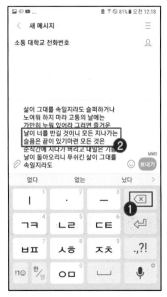

① [**지우기**] 아이콘을 터치해서
　오타난 부분을 수정합니다.
② 오타난 부분이 수정이 되었
　다면 [**보내기**] 버튼을 터치
　해서 전송하면 됩니다.

MEMO

[**노트 8 스마트폰 카카오톡
문자보내기**] 화면입니다.
자판이 보이면 자판 상단에
① [**마이크**] 아이콘을 터치
　합니다.

① 원형들이 움직이는 모습이
　보이는데 말을 하면,
② 텍스트로 변환되고
　음성인식을 정지하려면
③ 터치하면 음성인식이
　정지됩니다.

① 터치하면 음성을 인식
　하고 오타가 없이
　제대로 인식이 되었다면
② [**보내기**] 아이콘을
　터치하면 상대방에게
　전송됩니다.

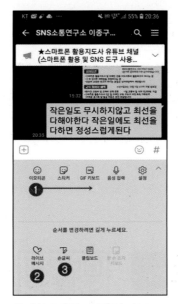

[노트 8스마트폰] 자판의 경우 상단 좌측 **[체크표시]** 아이콘을 터치하면 자판에서 활용할 수 있는 메뉴들이 나열되어 보여집니다.

① 이모티콘, 스티커, GIF 키보드등을 활용할 수 있습니다.

② **[라이브 메시지]**를 터치해서 생동감 있는 글을 입력한 후 전송할 수 있습니다.

③ **[손글씨]** 메뉴는 손가락으로 글을쓰면 바로 인식을 해서 전송할 수 있습니다.

스마트폰 용어 정리

모바일 핫스팟

인터넷 서비스 공급자에 연결된 라우터(스마트폰)를 통해 무선 로칼 영역 네트워크에 인터넷 접근을 제공하는 것으로 즉, 인터넷이 안되는 곳에서 스마트폰이 중계기 역할을 해서 휴대폰의 인터넷을 노트북이나 다른 스마트폰, 태블릿에 연결하는 것이다.

공유기

인터넷을 이용할 수 있는 서비스이며 한 개의 인터넷 회선을 여러 개로 확장하게 해 준다.
현재 대부분 '유무선 공유기'를 사용하고 있다. 무선 인터넷은 유선 인터넷에 유무선 공유기를 연결한 것, 유선 연결 없이 무선도 없다.
인터넷에 연결되어 있지 않아도 공유기가 켜져 있으면 와이파이 신호는 표시된다.
비밀번호가 없는 와이파이라고 무조건 사용 가능한 것은 아니다.

06
SECTION
인공지능 음성 서비스

 **구글 어시스턴트**

QR-CODE를 스캔하시면
[어시스턴트] 활용법에 대한
자세한 영상을 보실 수 있습니다.

[어시스턴트] 앱(App)은 말로써 많이 활용하는 전화, 문자, 음악 등 여러 작업을 실행할 수 있습니다.

[어시스턴트] 앱(App)의 장점

▶ 이동 중에 빠르게 전화 걸기와 문자 전송을 할 수 있습니다.
  "마님한테 전화 해" "늦는다고 문자 해"
▶ 리마인더를 설정해 기억을 쉽게 해줍니다.
  "현주 생일 선물 사라고 알려 줘"
▶ 음악 재생을 선택해서 듣고 싶은 노래를 청취할 수 있습니다.
  "임재범 노래 틀어줘"
▶ 캘린더 일정 설정과 날씨정보를 알 수 있습니다.
  "내일 7시 저녁 식사라고 일정을 추가해 줘" " 내일 날씨 알려줘"
▶ 다양한 앱 실행을 명령해서 실행 할 수 있습니다.
  " 카카오톡 실행해" " 네이버 연결해줘" " 구글 캐린더 열어줘"

─ **CHECK** 리스트 ─

① [Play스토어]에서
[구글 어시스턴트] 검색 후
설치를 합니다.

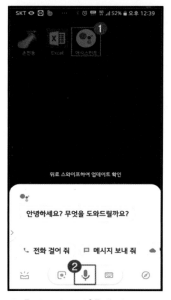

① [Play스토어]에서
[검색 후 어시스턴트]가 설치
되면 화면에 표시됩니다.
② 설치가 완료된 후
[마이크]를 터치합니다.

[마이크]를 터치하면
① 음성명령 기능 실행을
준비 합니다.

🖥️ 구글 어시스턴트(전화)

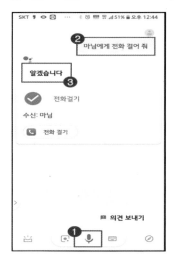

① [마이크]를 터치하고
(예:연락처가 "마님 "이라고
저장되어 있다면
② "마님에게 전화 걸어줘"
음성명령을 하면 문자가
입력이 되고,
③ 어시스턴트가 "알겠습니다"
답을 하고 실행을 합니다.

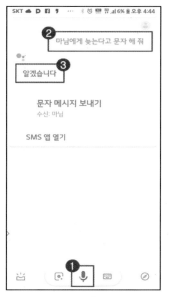

① [마이크] 터치하고
② "마님에게 늦는다고
문자해 줘" 음성명령을
하면 문자가 입력이 되고,
③ 어시스턴트가 "알겠습니다 "
답을 하고 실행을 합니다.

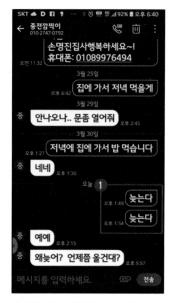

① [늦는다] 문자가 전송
된 것을 확인할 수 있습
니다.

📱 구글 어시스턴트(리마인더)

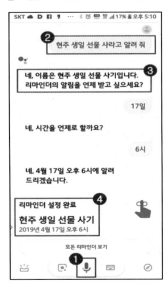 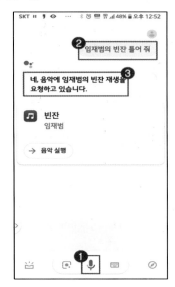 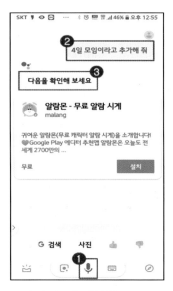

① [마이크] 터치하고
② "현주 생일 선물 사라고 알려줘" 음성명령을 하면,
③ 어시스턴트가 "네, 리마인더의 알림을 언제받고 싶으세요?"질문을 하고, 답을하며 실행을 합니다.

① [마이크] 터치하고
② "임재범의 빈잔 틀어줘" 음성 명령을 하면 문자가 입력이 되고,
③ 어시스턴트가 " 네, 음악을 요청 하고 있습니다 " 답을 하며 실행을 합니다.

① [마이크] 터치하고
② "4일 모임이라고 추가해 줘" 음성 명령을 하면 문자가 입력이 되고,
③ 어시스턴트가 " 다음을 확인 해 보세요"답을 하며 실행을 합니다.

📱 구글 어시스턴트(일반 명령어)

 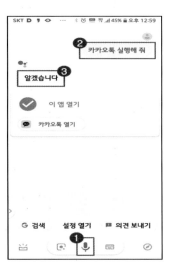

① [마이크] 터치하고
②"내일 날씨알려 줘" 음성명령을하면 문자가 입력이 되고,
③어시스턴트가 "네, 알려 드리겠습니다"답을 하며 실행을 합니다.

① [마이크] 터치하고
② "카카오톡 실행해 줘" 음성명령을 하면 문자가 입력이 되고,
③ 어시스턴트가 " 네, 알겠습니다 " 답을 하며 실행을 합니다.

 네이버 클로바

QR-CODE를 스캔하시면
[클로바] 활용법에 대한
자세한 영상을 보실 수 있습니다.

[클로바] 앱(App)은 말로써 궁금한 것, 원하시는 정보를 쉽고 빠르게 찾을 수 있습니다.

[클로바] 앱(App)의 장점

▶ 말 한마디로 한번에 검색하고 원하는 정답을 가장 빠르고 쉽게 찾아줍니다.
   "영화 좀 추천해줘 "
▶ 날씨와 원하는음악을 들을 수 있습니다.
   "내일 날씨는 어때" "7080노래 틀어줘 "
▶ 간단한 일정, 할 일 관리와 리마인더를 설정할 수 있습니다.
   "내일 04:30 오전 운동하기 알려줘 " "이번주 토요일 결혼식 일정 등록해줘 "

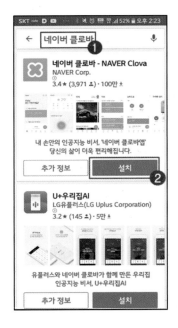

① [Play스토어]에서
   [네이버 클로바] 검색 후
② [설치]를 합니다.

① [네이버 클로바] 설치가 되면
   클로바 그림이 보여집니다.

① [네이버 클로바] 시작하기를
   터치 합니다.

① [네이버 로그인]
　터치합니다.

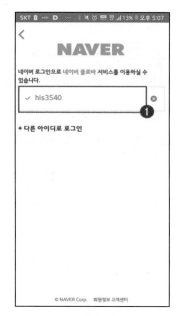

① 본인 [네이버 아이디]를
　확인하고 터치합니다.

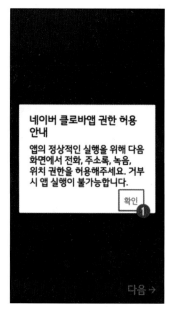

① 전화, 주소록, 녹음, 위치
　권한 허용 화면이 나오면
　[확인]을 터치합니다.

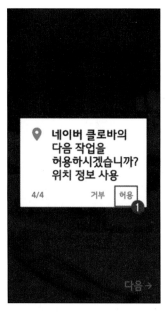

① [허용]을 터치 합니다.

필요한 음성 명령을 내리기 위해
① [마이크]를 터치 합니다.

[마이크]를 터치하면
① 음성명령을 할 수 있도록
　그림처럼 바뀌어 집니다.

필요한 음성 명령을 내리기 위해
① [마이크]를 터치하고,
② "볼만한 영화 추천해줘"
　음성명령을 하면 클로바가
　영화를 추천 해줍니다.

필요한 음성 명령을 내리기 위해
① [마이크]를 터치하고,
② "내일 날씨 어때" 음성
　명령을 하면 클로바가
　날씨에 대해 설명을 해줍니다.

필요한 음성 명령을 내리기 위해
① [마이크]를 터치하고,
② [리마인더]라고 명령을 하면
　저장된 일정을 보여줍니다.
③ [메모]라고 명령을 하면
　저장된 메모를 보여줍니다.

필요한 음성 명령을 내리기 위해
① [마이크]를 터치하고,
② "7080 노래 좀 들어줘"
　음성 명령을 하면 ,클로바가
　음악을 선택하여 틀어줍니다.

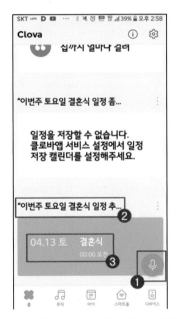

필요한 음성 명령을 내리기 위해
① [마이크]를 터치하고,
② "이번주 토요일 결혼식 일정
　추가해줘" 음성명령을 하면
　클로바가 일정을 추가 해줍니다.

07 SECTION │ 검색 앱 서비스

구글 알리미

[구글 알리미]는 구글에서 검색되는 최신 정보를 이메일로 주기적으로 알려주는 서비스 입니다.

관심있는 분야의 기사나 글들을 매번 검색하지 않아도 구글에서 자동으로 검색하여 주기적으로 메일로 보내주기 때문에 정보수집에 매우 유용합니다.

QR-CODE를 스캔하시면 **[구글 알리미]**에 대한 자세한 영상을 보실 수 있습니다.

① 검색창에 **[구글 알리미]** 라고 입력 한후
② 화면을 위로 올려 **[www.google.co.kr>alerts>ko]**를 터치 합니다.

[로그인] 을 합니다.
구글 알리미는 구글에서 제공하는 서비스이므로 반드시 G메일 계정으로 로그인 해야 합니다.

ⒸⒽⒺⒸⓀ 리스트

알리미 화면에서 검색창에
알림을 받고싶은 주제나
키워드를 입력합니다.
① [스마트폰활용]이라고
　입력한 후
② [알림민들기]를 터치합니다.

[스마트폰활용]이라는
주제의 내 알림이 만들어
졌습니다. 연필모양 아이콘을
터치합니다.

수신빈도, 출처, 언어, 지역
등등 구체적으로 알림 유형을
선택 할 수 있습니다.
[자동]을 터치합니다.

어떤 형태의 알림을 받을지
선택을할 수 있습니다.
[뉴스]를 선택한 후
[알림 업데이트]를 터치
합니다.

홈 화면에서 지메일을 열어
봅니다.

[Google 알리미]에서
스마트폰 활용에 관한
뉴스가 이메일로 왔습니다.
터치하여 자세한 내용을
볼 수도 있고 별도로 저장해
놓을 수도 있습니다.

 네이버 활용하기

   QR-CODE를 스캔하시면 [네이버] 활용법에 대한 자세한 영상을 보실 수 있습니다.

[네이버]는 대한민국의 인터넷 서비스 기업인 네이버 주식회사(NAVER Corporation)의 검색 포털 서비스 입니다.

네이버(주)가 제공하는 주요 서비스로는 인터넷 포털 [네이버]를 비롯해 모바일 메신저인 [라인], 모바일 커뮤니티서비스 [밴드], AR 카메라 콘텐츠 플랫폼인 [스노우], 글로벌 동영상 서비스 [브이라이브 (V LIVE)], 자동통역앱 [파파고(papago)], 웹 브라우저 [웨일(WHALE)], 통합 AI 비서 플랫폼서비스 [클로바 (CLOVA)], [웹툰], 크리에이티브 콘텐츠 전문 커뮤니티인 [그라폴리오]등이 있습니다.
또한 블로그, 카페, 지식IN, 메일, 지도, 클라우드, 부동산, 금융등 다양한 서비스를 제공하고 있습니다.
지난해 오픈서베이가 실시한 검색 포털 이용 관련 설문조사에서 75.2%가 네이버를 주로 이용하는 것으로 결과가 나왔는데 대한민국 대표 검색 서비스라 할수 있습니다.
지난 4월 모바일 웹페이지가 10년만에 개편 되었습니다. 상단에 검색창이 배치됐고, 검색창 아래 자주 사용하는 콘텐츠로 바로 이동할 수 있는 바로가기 버튼들이 있고 하단 중앙에는 터치검색 [그린닷] 버튼이 적용되었습니다.
네이버 개편안에 대해 아직은 생소하고 불편하다는 반응이 주를 이루었는데 네이버 관계자는 "모바일 웹 버전은 가볍고 빠르게 사용할 수 있는 간결함에 집중했다"며 "이용자들의 반응을 주시하며 서비스 편의성, 안정성을 높이기 위해 최선을 다할 것"이라고 강조했습니다. 개편안을 적용했지만 기존 버전을 이용할 수 있는 듀얼 앱 형태로 운영 중 입니다.

검색창에서는 어떠한 내용이든 입력하면 다양한 분야의 정보를 자세히 알아볼 수 있습니다.
정보를 검색해서 공유하고 번역해서 볼 수도 있습니다.
특정 제품을 촬영하면 비슷한 것을 찾아 주기도 하고 쇼핑 정보를 알려주기도 합니다. 노래방에서 곡 번호를 검색할 수도 있고 사다리게임을 비롯한 간단한 게임을 할 수도 있습니다. 상단 메뉴바에 자주 방문하는 곳을 등록하여 편리하게 활용할 수 있습니다.
한가지씩 살펴 보겠습니다.

[새로운 네이버]의 첫 화면입니다.
화면을 왼쪽으로 넘기거나
오른쪽 하단의
① [뉴스·콘텐츠]를 터치하면
　 [기존 네이버]의 첫 화면과
　 같은 화면이 나옵니다.
② 화면을 위로 올려 보겠습니다.

자주사용하는 컨텐츠로 바로
갈 수 있도록 되어있습니다.
① [홈커버 설정]을 터치하면
　 갤러리에 있는 사진을 홈화면
　 커버로 사용할 수 있습니다.
② [그린닷] 버튼을 터치
　 합니다.

아이콘을 드래그하여 순서를
변경하거나 바로가기를 삭제
할 수 있습니다.

이전 버전을 사용하고자 할
경우에는 왼쪽 상단의 더보기
[≡]를 터치합니다.

오른쪽 상단의 톱니바퀴를
터치합니다.

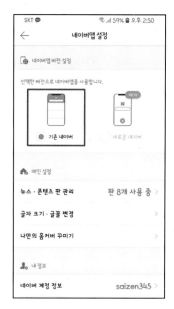

[기존 네이버]와 [새로운
네이버]중에서 선택할수
있습니다. 원하는 버전을
선택하면 바로 적용이 됩니다.

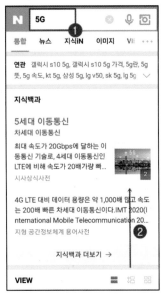

요즘 화두가 되고있는 5G에
대해 알아보기 위해 검색창에
[5G]를 입력한 후 돋보기를
터치합니다. 지식백과, 블로그,
동영상등이 나오는데 화면을 위로 올립니다.

뉴스 부분에서 읽고 싶은
제목을 터치 합니다.

뉴스를 다양한 형태로
보관하고, 공유하고 볼 수
있는 메뉴가 있는 더보기
[…]를 터치합니다.

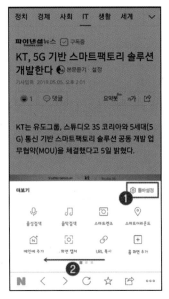

① [툴바설정]은 보이는
   메뉴 아이콘 순서를 조절 할
   수 있습니다.
② 화면을 왼쪽으로 드래그
   합니다.

[번역기 실행] 버튼을 터치
합니다.

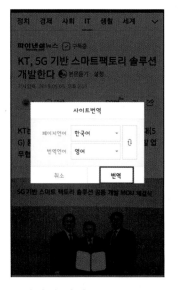

[페이지 언어]와
[번역언어]를 선택한 후
① [번역]을 터치하면 뉴스
   전체가 번역됩니다.
   번역언어는 영어, 일본어,
   중국어 중에서 선택할 수
   있습니다.

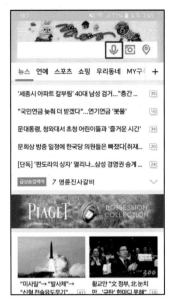

검색창에서 마이크를 터치
합니다.

음파가 진동할 때 검색하고자
하는 키워드나 궁금한 내용을
물어봅니다.
[내일 날씨 알려줘]라고
말했습니다.

내일의 날씨에 대한 화면과
함께 인공지능이 음성으로
내일의 날씨를 알려 줍니다.

이번에는 어떻게 활용하는지
알아 보기 위해 [도움말]이라
고 말합니다.

여러가지 메뉴들 중에서
[바로가기 / 실행]을 터치
하니다.

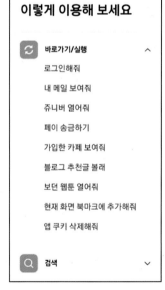

활용할 수 있는 예문이
나옵니다.
하나씩 명령을 내리면
바로 실행을 합니다.

이번에는 [Music]을 터치해 보겠습니다.

음악을 들려줍니다.

노래 제목과 가사를 바로 알려줍니다.

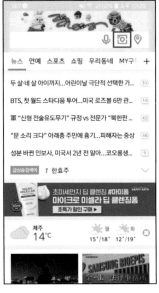

이번에는 물건을 검색할 수 있는 카메라를 터치해 보겠습니다.

① [스마트 렌즈]를 활성화 해서
② 사진을 촬영합니다.

비슷한 종류의 물건들을 찾아 줍니다.

화면을 왼쪽으로 넘겨
① [쇼핑 렌즈]를 활성화 해서
② 사진을 촬영합니다.

비슷한 물건을 찾아 가격까지
알려줍니다. 이중 하나를 터치
합니다.

바로 구매 할 수 있는 쇼핑몰로
연결이 됩니다.

노래방에 갔을때 목록 책이
없어도 설치된 기기의 회사
명과 노래제목만 알면 곡
번호를 바로 알수 있습니다.
[둥지 금영]이라고 입력하거
나 마이크를 터치한 후 말하면
곡 번호를 바로 찾아줍니다.

이번에는 [태진 둥지]라고
입력했습니다. 태진의 곡 번호를
바로 찾아줍니다. 이 번호를
노래방기기에 입력하면 반주가
시작됩니다.

간단한 게임을 해보겠습니다.
검색창에 [간단게임]이라고
입력하면 사무실이나 모임에서
간단히 할 수 있는 게임들이
나옵니다. 간식비 내기 사다리
게임을 해 보겠습니다.
② [사다리게임]을 터치 합니다.

검색창에 자동으로
① 입력이 되었습니다.
② 인원수를 정합니다.
　6명으로 해 보겠습니다.

화면을 위로 올려
① 각각 금액을 입력한 후
② [사다리타기 시작하기]를
　터치 합니다.

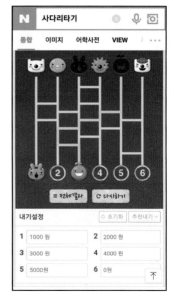

하나씩 선택하여 터치하면
자동으로 사다리타기 게임이
실행됩니다. 모두 끝나면
[전체결과]를 터치 합니다.

결과를 한눈에 알아볼 수
있습니다.

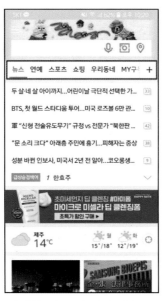

검색창 바로 아래에 있는
메뉴바에 자주가는 카페나
블로그를 등록해 보겠습니다.

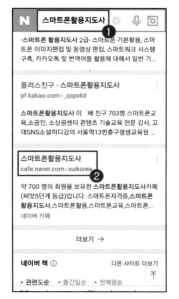

검색창에
① [스마트폰활용지도사]
　라고 입력한 후 화면을
　올려
② [스마트폰 활용지도사]
　카페를 찾아 터치합니다.

카페 첫 페이지 상단의
[메인에 추가]를 터치합니다.

① 카페이름을 그대로 사용
해도 좋고 다른 이름으로
지정해도 됩니다.
② [메인에 추가]를 터치합니다.

상단메뉴바에 ① [스마트폰
활용지도사] 카페 바로가기가
추가되었습니다. 다른 메뉴도
추가 하기위해 오른쪽 끝의
② [+]를 터치합니다.

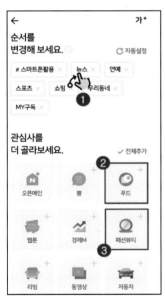

① 카테고리를 꾹 눌러 드레그
하면 순서를 바꿀수 있습니다.
아래쪽의 항목중 원하는 관심
사를 터치합니다.
② [푸드]와
③ [패션뷰티]를 선택합니다.

윗부분 항목에 [푸드]와
[패션뷰티]가 추가되었습니다.

홈 화면의 상단베뉴바에
[푸드]와 [패션뷰티]가
추가되었습니다.

08

SECTION

구글 Play스토어

📱💻 구글 Play스토어

[Play스토어] 홈 화면에는
다양한 메뉴들이 있습니다.
[추천] 메뉴는 구글에서
카테고리별로 추천해주는
어플들을 살펴볼 수 있습니다.

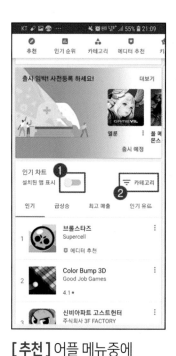

[추천] 어플 메뉴중에
[인기차트] 메뉴를 보면
① [설치된 앱 표시]를 활성화
　하면 추천 앱중에 자신이
　설치한 어플이 있으면
　[설치됨]이라고 표시가 보입니다.
　추천 어플을
② [카테고리]별로도 볼 수
　있습니다.

여러 카테고리가 보이는데
[동영상 플레이어 / 편집기]를
터치합니다.

CHECK 리스트

[동영상 플레이어 / 편집기]
카테고리에서 추천하는
어플중에서도 분야별로
정리해서 볼 수 있습니다.
여기서는 **[급상승]**을 터치
하면 현재 인기가 급상승
하고 있는 어플들을 볼 수
있습니다.

[인기차트] 카테고리에서도
분야별로 어플들을 볼 수 있지만
① **[추천 카테고리]** 메뉴에서는
   분야별로 보기 편하게 정리
   되어 보여집니다.
② **[더보기]**를 터치하면
   [추천 카테고리] 메뉴를
   보다 자세하게 살펴볼 수
   있습니다.

① **[인기카테고리]**를 좌우로
   드래그해서 살펴볼 수
   있습니다.
② **[전체 카테고리]**를 상하로
   드래그해서 살펴볼 수
   있습니다.

[Play스토어] 홈 화면에서
① **[에디터 추천]** 메뉴를
   터치하면 사용자들이
   많이 사용하는 어플들을
   살펴볼 수 있습니다.
② 스마트폰 어플 사용을
   함에 있어 다양한 기능
   들을 살펴볼 수 있습니다.

자신의 스마트폰에 설치된
어플이나 설치되었던 어플을
확인하고자 할 때
[내 앱 / 게임]을 터치합니다.

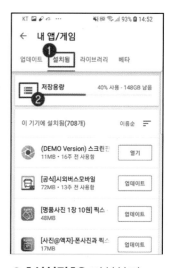

① **[설치됨]**을 터치하면
   스마트폰에 설치된 어플들을
   볼 수 있습니다.
② 삼선 아이콘을 터치하면
   설치된 어플을 동시에 여러
   개를 삭제할 수 있습니다.

기기 저장공간 확보를 위해
① 불필요한 어플들을 선택한 후
② [여유공간확보] 메뉴를
　 터치하면 삭제된 어플
　 용량만큼 공간이 바로
　 확보됩니다.

[여유공간 확보]를 터치하면
해당 표시된 용량만큼 메모리가
확보됩니다.

[라이브러리] 메뉴는 기존에
[구글 Play스토어]에 등록된
계정으로 설치한 어플들중에
삭제된 어플들을 볼 수 있습
니다. 살펴본 후 다시 설치하고
싶다면 [설치]를 터치하면 됩니다.

[구글 Play스토어]에서 실수로 [어플]을 구매한 경우 환불받는 방법에 대해서 알아보겠습니다.
PC에서 구글 플레이스 스토어 홈페이지(https://play.google.com)에 접속합니다.
① 찾고 싶은 어플 이름을 입력하면 해당 어플을 검색해 볼 수 있습니다.
② 실수로 구매한 어플이나 구입한 어플에 대해서 더 이상 결제를 진행하고 싶지 않다면 ② [계정] 메뉴를
　 터치합니다.

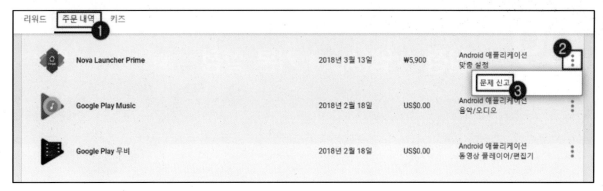

[계정] 메뉴중에 ① [주문내역]을 터치합니다. 구입 취소를 희망하는 어플이 보이면 ②점 3개 아이콘을 터치합니다. ③ [문제 신고]를 터치합니다.

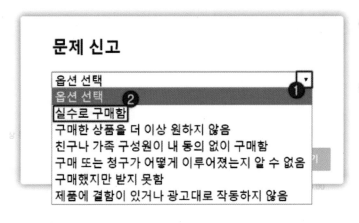

① [옵션 선택] 메뉴에 삼각형 아이콘을 터치합니다. 구입한 어플에 대한 설명이 나오면
② 취소 사유에 해당하는 내용을 터치합니다.

① 실수로 어플을 구매하지 않기 위한 방법에 대해서 설명하고 있습니다.
② [보내기] 버튼을 터치하면 실수로 구매한 어플에 대해서 특별한 사유가 없는한 다음날 바로 환불처리됩니다.

[애플리케이션 설정]을 통해 기기에 설치되어 있는 모든 앱(App)의 기본정보를 확인하고 변경할 수 있습니다.

QR-CODE를 스캔하시면 [애플리케이션 설정]에 대한 자세한 영상을 보실 수 있습니다.

특별히 이번 장에서는 스마트폰기기에 중복되는 앱(App)을 설치하고 이용하면서 **[기본으로 설정]**되어져, 원치 않는 앱(App)이 실행 되거나, 공유 오류가 날 경우 등 여러 상황의 앱 기본 설정 변경하는 것을 배워봅니다.

[설정 > 애플리케이션 설정]에서 할 수 있는 것

① 애플리케이션 삭제 및 강제중지 가능합니다.

② 애플리케이션 별 모바일 데이터 / 배터리 / 저장공간 / 메모리 사용량을 확인할 수 있습니다.

③ 알림 : 앱 설치 후 특정 앱으로 부터 원치 않는 알림이 계속 올 경우 허용된 알람을 끌 수 있습니다.

④ 권한 : 특정 권한이 필요한 앱을 설치 할 때 설정되며, 저장공간, 카메라, 위치정보, SMS, 연락처 등 애플리케이션 별로 허용된 권한을 확인할 수 있고, 끌 수도 있습니다.

⑤ 기본으로 설정된 앱 변경 가능합니다.

⑥ 앱 출처 정보 : 어느 경로를 통해 앱이 다운로드 되었는지 알 수 있습니다.

C H E C K 리스트

[첫번째 경우] : 특정 파일이나, 프로그램을 처음 실행시키고자 할 때 관련된 앱들이나타나면서 **[연결 프로그램을지정]**하게 됩니다.

(관련 어플이 2개 이상일 경우나타남)

Ex) 음악, 갤러리, 문서뷰어 등

[두번째 경우] : 특정 앱이용 중 실행하게되는 작업을처음 할 때 관련된 앱들이 나타나면서 **[작업을 수행할 때 사용하는 애플리케이션을 지정]**하게 됩니다.

(관련 어플이 2개 이상일 경우나타남)

Ex) 카톡 사진/동영상보내기 등

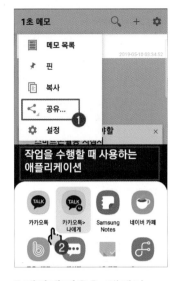

[세번째 경우] : 앱에서공유 할 때마다 작업을 수행할 때 사용 하는 애플리케이션 화면이 뜨게 되어 어디든공유할 수 있게 되어 있으나,일부 앱에서 처음설정된곳으로만 계속 실행이 되는오류가 나는 경우가 있다.

Ex) 1초메모, OCR 등

[설정]을 터치합니다.

[애플리케이션]을 터치합니다.

[화면을 위로 드래그]하거나 우측 상단 **[돋보기]**를 터치하여 변경할 앱을찾아 터치합니다.

[앱 이름을 터치]하여 들어
가면 앱을 삭제 또는 강제중지
할 수 있는 화면이 나옵니다.
[화면을 위로 드래그]합니다.

[애플리케이션 설정 > 기본
으로 설정 > 기본으로 설정됨]을
확인합니다.
[기본으로 설정]을 터치합니다.

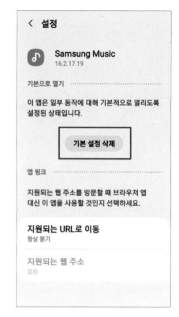

[기본 설정 삭제]가
[굵은 글씨]로 활성화 되어
있습니다.

[기본 설정 삭제 를 터치]
하여 해제 한 후 좌측 상단
[< 뒤로] 버튼을 터치하여
나갑니다.

[애플리케이션 설정 > 기본
으로 설정 > 기본으로 설정된
앱 없음]을 확인하고
[< 뒤로] 버튼을 터치하여
나갑니다.

10 SECTION 카카오톡 활용하기

QR-CODE를 스캔하시면
[카카오톡] 활용법에 대한
자세한 영상을 보실 수 있습니다.

[카카오톡 App]은 스마트폰용 무료 통화 및 메신저 응용 프로그램으로, 2010년 3월에 출시되었으며 이후 PC 버전도 개발되어 다양한 업무의 메신저로서 활용되고 있습니다. 또한, 폭넓은 플랫폼 사업으로 연결되지 않은 업종이 거의 없을 정도로 많은 이용자들의 편의를 갖추고 있습니다.

[카카오톡 App] 기능 및 장점

▶ 스마트폰을 사용한다면 통신사 상관없이 누구나 설치하여 이용할 수 있습니다.

▶ 스마트폰 기기에 저장되어 있는 친구들은 따로 저장할 필요 없이 자동으로 카카오톡 친구로 추가 / 추천 됩니다.

▶ 무료통화(음성 및 영상), 문자 메시지, 대용량 파일 및 동영상 전송, 음성메일 서비스, 일대일 및 그룹 채팅 기능을 지원합니다. (단, Wi-Fi 에서만 무료 , 데이터 네트워크 이용 시 데이터 사용 요금제에 따른 요금이 부과될 수 있습니다.)

▶ 전화번호만으로 사용 가능하나, 카카오 계정 등록할 경우 기기교체나 번호 변경 시에도 대화 백업 및 다운받기를 통해 대화 내용을 유지할 수 있습니다. (카카오톡 전체설정 > 채팅 > 대화백업 / 단 사진과 영상은 백업 불가)

▶ 카카오 맵, 카카오 페이, 카카오 택시, 카카오 스토리, 카카오 TV, 게임 등의 연계 서비스를 제공하며, 카카오 이메일 계정을 등록한 경우 특별한 가입 없이 연계된 서비스들을 편리하게 이용 할 수 있습니다.

▶ 컴퓨터에 PC버전을 설치하면 스마트폰과 연동이 되어 보다 효과적으로 업무를 수행할 수 있습니다.

CHECK 리스트

프로필 변경하기

[카카오톡]을 실행합니다.
① [친구리스트]를 터치한 후
② [내이름]을 터치합니다.

[프로필 관리]를 터치합니다.

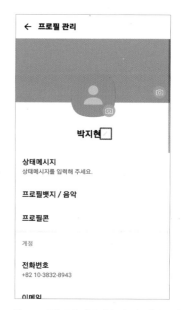

[프로필 관리] 화면이 나옵니다.
[이름 옆 연필]을 터치하여
[이름을 변경]할 수 있습니다.

① [이름을 변경]한 후
② [확인]을 터치합니다.

[프로필 관리] 창이 다시
나타납니다.
① [채팅창 프로필 사진] 바꿀 때
② [프로필 배경 사진] 바꿀 때
[카메라를 터치]합니다.

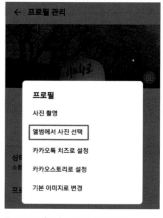

[프로필 메뉴]가 뜹니다.
[갤러리에 있는 사진]을 넣기 위해
[앨범에서 사진 선택]을 터치합니다.
+ [사진촬영] : 즉석에서 사진을 찍어 설
+ [카카오치즈로 설정] : 카카오치즈
    카메라 앱을 이용하여 설정
+ [카카오스토리로 설정] : 카카오
    스토리에 있는 사진으로 설정
+ [기본 이미지로 변경] : 사진이 들어가
    있는 상태에서 나오는 메뉴로 프로필
    사진을 삭제 하고자 할 때 설정

[갤러리]가 열리면
[원하는 사진]을 터치합니다.

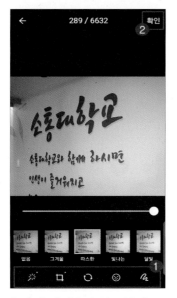

[사진 편집]이 필요하면
① 도구 툴 [색 보정, 자르기,
　회전, 이모티콘 삽입, 손그림]을
　이용하여 수정 후
② [확인]을 터치합니다.

두 군데 사진을 각각 설정하여
사진이 들어간 것을 확인합니다.
[상태메세지를 입력]하기위해
[상태메세지]를 터치합니다.

① 상태메세지 라인을 터치하여
　[상태메세지 내용 입력] 후
② [확인]을 터치합니다.

[프로필 뱃지 / 음악]을 터치하면
[오늘의 기분]을 설정할 수 있고,
[멜론 앱]이나 [카카오뮤직 앱]을
설치하여 [프로필 음악]을 설정할 수
있습니다. [프로필콘]을 터치하면
[카카오 치즈 앱]을 이용한
[프로필 배경 꾸미기]가 가능합니다.

[카카오톡 계정]을
등록하기 위해
화면을 [위로 스크롤]합니다.

[이메일]을 터치하여
[자주 사용하는 이메일로
계정을 등록]합니다.

이메일이 없다면 등록하지
않아도 무관하나, 계정을 등록
하면 카톡과 연계된 서비스들
을 막힘 없이 편리하게 이용할
수 있습니다.

[이메일 계정 등록 시 좋은 점]
카카오 서비스 및 제휴서비스,
기타 다른 앱 들을 이용 할 때
카카오 계정으로 쉽게 로그인
할 수 있게 됩니다.

[★ 주의사항] : 이메일을
등록하면 등록한 이메일에 로그
인하여 본인 인증을 거치게
되고, 추후 변경이 어려우니
처음 등록 할때 주의 해야합니다.
(오타주의)

[많이 이용되고 있는 연결
된 서비스들]
멜론, 카카오페이, 뱅크,
카카오맵, 카카오택시,
카카오 버스, 카카오스토리,
카카오뮤직, 카카오 치즈,
카카오게임 등 다수

※ 이메일 계정이 없으면
   이용불가

MEMO

[변경된 프로필을 확인] 합니다.

📷 사진 / 동영상 보내기

[나와의 채팅]은 개인적인 자료들을 보내어 저장할 수 있는 나만의 공간으로 활용할 수 있고, 다른 채팅방에 글을 올리기 전 연습장으로도 활용할 수 있는 유용한 기능입니다. [나와의 채팅]을 터치합니다.

여러 장의 사진을 보내기 위해 [전체보기]를 터치합니다.

[+] 버튼을 터치 합니다.

① 사진의 우측 상단에 있는 [둥근 원을 터치]하여 사진들을 선택합니다.
② 여러 장의 사진을 하나로 보내기 위해 [사진 묶어 보내기]를 터치합니다.
③ [원본으로 보내야 할 경우] 우측 하단 [액자 버튼]을 터치하여 화질을 선택할 수 있습니다.
④ [전송]을 터치합니다.

[갤러리 사진]을 보내기 위해 [앨범]을 터치합니다.
+ [카메라] : 사진 찍어서 보낼때
+ [캡처] : 대화내용을 캡처하여 다운 및 전달할 때
+ [음성메세지] : 음성녹음 하여 보낼때

채팅창에 여러 장의 사진이 한 개의 메시지로 올라갔습니다.
[묶어 보내기는 한번에 30개 까지] 가능하며, 여러 장의 사진 발송으로 인한 [연속적인 카톡 알림을 방지]할 수 있는 편리한 [에티켓 기능]입니다.

📱 사진 / 동영상 저장하기

채팅창에서
[받은 사진을 저장]하기 위해,
[받은 사진을 터치]합니다.
※ 동영상은 묶어보내기를 하여도
　분리되어 전송됩니다.

동영상을 [휴대폰에 저장]
하겠습니다.
[플레이버튼]을 터치하여
확인합니다.

[손가락으로] [페이지 이동,
축소, 확대]하며 사진을 볼 수
있습니다. 아래 메뉴에 따라
원하는 작업을 할 수 있습니다.
① 스마트폰 갤러리에 [저장]
② 카카오톡 친구에게 [전달]
③ 카카오톡 채팅창에서 [삭제]
④ 다른 앱으로 [공유 및 전송]
⑤ [중요 사진]으로 표시
⑥ [전체 앨범 - 내 서랍] 보기

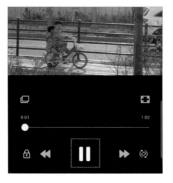

동영상이 플레이 되고 있습니다.
[동영상을 다운받기] 위해
[정지버튼]을 터치합니다.
정지버튼이 나오지 않을 경우
동영상 화면을 한번 터치하면
나타납니다.

① [저장]을 터치 합니다.
② [묶음 사진일 경우]
　선택 화면이 나타나며
　[전체 또는 한 장만 저장]
　할 수 있습니다.
③ [저장되었습니다]라는
　문구가 뜨면 스마트폰 기기의
　[갤러리]에서 다운된
　사진을 확인할 수 있습니다.

① 화면에 [플레이 버튼이 나오면]
② [하단메뉴]가 뜹니다.
　왼쪽에 있는
　[저장 / 다운로드] 버튼을
　터치하여 다운받은 후
　[갤러리에서 확인]하면 됩니다

🖥 메시지 전달하기

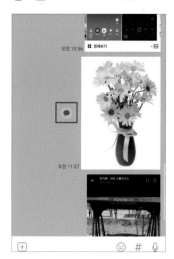

사진이나 메시지를 전달해
보겠습니다.
채팅창에서 각각의 사진이나
메시지 앞머리에 있는
[카톡 버튼]을 터치합니다.

🖥 메시지 삭제하기

간혹 단체창이나 개인 채팅창에
[메시지를 잘못 보냈을 경우]
상대방이 내가 보낸 메시지를
확인하지 않았다면 채팅창에서
삭제할 수 있습니다.
[삭제할 메시지를 2초이상] 누릅니다.

[전달하기 창]이 열립니다.
① [친구 / 채팅 버튼]을 터치
하여 친구에게 또는 채팅방
으로 선택하여 보낼 수 있습니다.
② 하단 리스트에서 좌우로
드래그 하여 보낼 사람이
있다면 바로 터치하여 보내기 합니다.
③ [리스트 보기]를 터치하여 친구
리스트나 채팅방 리스트를 한눈에 볼 수 있습니다.

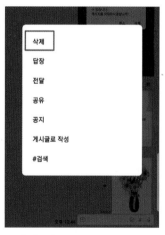

[팝업 메뉴]가 나타납니다
[삭제, 답장, 전달, 공유 등]
여러 메뉴가 나타납니다.
[삭제]를 터치합니다.

[여러 사람에게 전달하기]
위해서는 [전달하기창>리스
트보기]를 터치합니다.
[공유대상선택 창]이 나타
나면 [보낼 사람을 선택]
한 후 [확인] 버튼을 터치
합니다.

[삭제 메뉴]가 나타납니다.
[모든 대화 상대에게서 삭제]
터치한 후 [확인] 버튼을 터치
합니다.
상대방이 메시지를 확인 했다면
나타나지 않습니다.

보낸 메시지는 삭제되고,
[삭제된 메시지입니다]란
문구가 나와 메시지를 확인
하지 않은 상대방에게도
나타납니다.

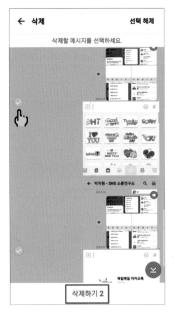

동일한 방법으로 각각의 채팅창에서 더 이상 확인할 필요가
없는 메시지나 이미지들을 삭제하여 정리할 수 있습니다.
이 작업은 저장공간 확보에도 도움이 됩니다.
[삭제할 메시지를 2초 이상] 눌러 **[선택 버튼]**이 나오면
삭제할 메시지를 **[선택 후 삭제하기]** 버튼을 터치합니다.

🚗 연락처 보내기

[채팅창]에서 하단 **[+]**
버튼을 터치합니다.
메뉴가 나타나면
[좌측으로 드래그] 합니다.

[연락처]를 터치합니다.

[연락처 보내기]를 터치
합니다.

[연락처 주소록]이 나오면
[보낼 연락처를 터치]합니다.

이름과 전화번호를 확인 후
[전송]을 터치합니다.

채팅창에 연락처가 올라간
것을 확인할 수 있습니다.

📱 받은 연락처 저장하기

친구에게 받은 연락처를 저장
하려면 [받은 연락처를 터치]
합니다.

[작업을 수행할 때 사용하는
애플리케이션]이 나타나는
경우 [새 연락처로 추가]
버튼을 터치합니다.
처음 연락처를 저장할 때 나타
나는 메뉴로 [선택한 앱이 기본
으로 설정]되며 한번 설정한 이
후에는 나타나지 않습니다.

전화번호 저장하는 창이
열립니다.
이름과 전화번호가 자동으로
들어가 있는 것을 확인할 수
있습니다.
① [이름 수정]이 필요할
  경우 터치하여 수정합니다.
② [저장] 버튼을 터치합니다.
저장한 연락처는 내 기기의
연락처 목록에서 확인할 수
있습니다.

지도 보내기

[채팅창]에서 하단 [+]
버튼을 터치합니다.
메뉴가 나타나면
[좌측으로 드래그]합니다.

[지도]를 터치합니다.

[위치 권한을 묻는 메시지]가
나오면 [허용]을 터치합니다.
처음 지도를 사용할 때 나타
나며 기타 다른 메뉴나 앱을
이용할 때 [권한 관련 메시지]
가 나타나면 [허용]해야 막힘
없이 이용할 수 있습니다.

화면에 [지도]가 나타납니다.
① 상단 [돋보기 검색 창]을
   터치 [장소나 업체 명]을
   입력한 후
② 자판의 [돋보기]를 터치
   하여 검색합니다.

① [결과 리스트]에서 원하는
   장소를 터치합니다.
② 지도에 표시된 장소를 확인 후
   [위치정보 보내기]를 터치
   합니다.

채팅창에 지도가 올라갔습
니다. [지도를 볼 때]는
[지도를 터치] 합니다.
[카카오 맵]이나,
[카카오T(택시)] 앱을
이용할 경우 [연동 가능]
합니다.

📱 이모티콘 다운받기

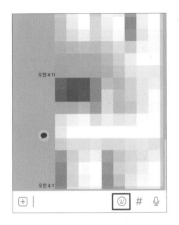

[무료 이모티콘]을 다운받기 위해 하단 우측 이모티콘을 터치합니다.

① [메뉴]에서 하나씩 터치 해봅니다.
② [다운로드 버튼]이 나타 나면, 버튼을 터치하여 다운로드 합니다.

다운받은 이모티콘은 터치 하여 전송합니다.
우측 끝 [+] 버튼이나, [상점]을 터치하면 유료 이모티콘을 구매하여 사용 할 수 있습니다.

📱 # 활용하기

채팅창 하단에 있는 [#]버튼을 터치하면, 인터넷 앱을 접속하지 않고도 [인터넷 검색과 전송]이 가능합니다.
[#] 버튼을 터치합니다.

[검색창]이 뜨면 검색할 단어를 [입력] 한 후 [돋보기 버튼]을 터치합니다.

* 축하, 감사, 사랑, 아침인사, 등 많은 단어들을 검색해보세요!!

관련 이미지들이 나옵니다.
마음에 드는 [이미지를 선택]합니다.

[이미지]가 크게 나타납니다.
좌우로 스크롤 하여 원하는
이미지선택 후 하단
[카카오톡 버튼]을 터치
합니다.

채팅창에
[#태그와 함께 이미지가 전송]
되었습니다.

[#]으로 [실시간 뉴스]를
전송 해보겠습니다.
① [# 검색창에 뉴스]를
　입력합니다.
② 상단에 있는 [카테고리]를
　좌우로 이동하여
　[LIVE를 선택]합니다.
③ [LIVE 화면]이 뜨면 원하는
　뉴스 제목 아래에 있는
　[작은카톡버튼]을 터치
　합니다.

채팅창에 #뉴스가 올라갔습니다.
① [이미지를 터치]합니다.
② 채팅창 화면 상단에서
　[동영상이 재생]됩니다.
③ 우측 상단 [x] 버튼을 터치하여
　영상을 닫습니다.

🖥️ 그룹 채팅방 만들기

[그룹 채팅방]을 만들기 위해
① [채팅방 리스트]를 터치
합니다.
② 상단 우측 [채팅방만들기]
버튼을 터치합니다.

새로운 채팅방의 형식을
선택할 수 있는 창이 열립니다.
(우측 참조)
① [일반채팅]을 터치합니다.

① [일반채팅] : 1대1 채팅 및 그룹
채팅방을 만들 수 있습니다.
② [비밀채팅] : 일반채팅과 동일
하나, PC버전에서는 대화내용
확인이 불가능하며, 채팅리스트
에서도 마지막 메시지가 노출
되지 않습니다.
③ [오픈채팅] : 불특정 다수 혹은
여러 사람들과 그룹 채팅을 하고
자 할 때, 만든이의 설정에 따라
공개채팅, 비공개 채팅이 가능
하며, 공개채팅일 경우 누구나
채팅방 이름을 검색하여 참여가
가능 합니다.
개인 프로필 보기 및 친구추가
하기 등의 원치 않는 개인 정보가
노출이 되지 않아, 서로 모르는
사람들을 초대할 때 일반채팅
보다 안전하게 이용할 수 있습니다.

[대화상대 초대 리스트]가
나타납니다.
[초대할 친구를 선택]하여
우측 상단 [확인] 버튼을
터치합니다.
[선택 취소]할 경우
[노란 버튼]을 다시 터치 하거나
[상단 x] 버튼을 터치합니다.

그룹 채팅방이 만들어졌습니다.
[우측 상단 삼선]을 터치해
봅니다.

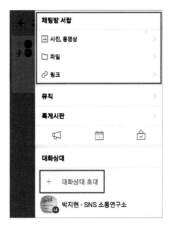

[채팅방 서랍]에서는 채팅
창에서 주고 받은 이미지나
파일들을 확인할 수 있습니다.
[+ 대화상대 초대] 버튼을
이용해 다른 사람을 초대할
수 있습니다.

[대화상대 리스트]에서 나의
카톡 친구리스트에 없는 사람
들은 이름 옆에
[👤+ 친구추가] 표시가 나타납
니다. [친구추가] 버튼을
터치하여 나의 카톡 친구로
추가 할 수 있습니다.
오픈채팅에서는 설정에 따라
친구추가 버튼이 나타나지 않
을 수도 있습니다.

[채팅방 리스트]로 갑니다.
이름 바꿀 채팅방을
[2초이상 터치]합니다.
[많은 수의 그룹 채팅방]이
있는 경우 이름을 바꿔 놓으면
한눈에 보기 편합니다.

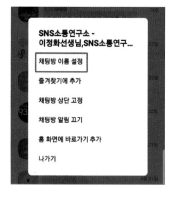

관련 메뉴가 나타납니다.
[채팅방 이름 설정]을 터치
합니다.

[채팅방 이름 설정]이 나타나면
① [x] 버튼을 터치하여 나타나
있는 이름들을 삭제 한 후
② [그룹이름을 입력]합니다.
③ [확인] 버튼을 터치합니다.

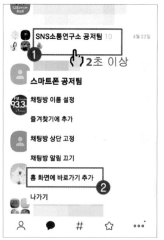

[채팅방 리스트]에서 그룹
이름이 변경 되었음을 확인할 수
있습니다.
자주 쓰는 채팅방을 홈화면에
추가하여 빠르게 실행할 수
있습니다.
① 자주 쓰는 채팅방을 [2초 이상 터치]합니다.
② 메뉴가 뜨면 [홈 화면에 바로가기 추가]를
터치합니다.

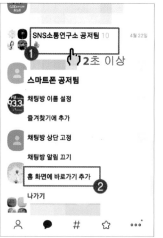

[메뉴]가 나타나면
[추가] 버튼을 터치합니다.

[홈화면]에
[바로가기 아이콘]이 만들어
졌습니다.
이 후 카카오톡 터치 없이 채팅창
바로가기 아이콘을 터치하여 바로
대화가 가능합니다.

오픈채팅 만들기

[채팅창 리스트 >
채팅방 만들기 > 오픈채팅]을
터치합니다.
[오픈채팅 만들기]를 터치
합니다.

[그룹 채팅방]을 터치합니다.

① [오픈채팅방 이름 입력]
   한 후
② [다음]을 터치 합니다.

[#해시태그]를 입력하는
창이 나타납니다.
① 채팅방을 소개하는 해시
　태그를 간단하게 입력합니다.
② [다음]을 터치합니다.

[채팅방 프로필 설정창]이
나타납니다.
① [톡 프로필로만 참여]를
　허용할 경우 터치하여
　[노란색 불]을 켭니다.
　개인 정보는 노출되지 않으며 상대방의 프로필만 보여지게 됩니다.
② [검색허용]의 노란색 불을
　켜게 되면 [카톡 돋보기 검색창]에서 검색 을 통해 누구나
　참여가능합니다.
　[검색창 노출을 원치 않으면] 터치하여 불을 끕니다.
③ [다음]을 터치합니다.

채팅방 이름과 해시태그를
확인 한 후 [완료]를 터치
합니다.

[오픈채팅방]이 만들어지고
채팅창이 열립니다.
두 개의 [공유버튼]을 이용
하여 다른사람을 초대할 수
있습니다.
[공유하기]를 터치합니다.

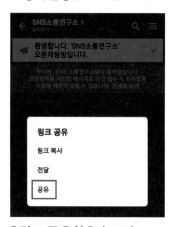

[링크 공유창]이 뜨면
[전달 또는 공유]를 터치한
후 초대할 [친구를 선택]하여
메시지를 보냅니다.

초대할 친구 채팅창에
초대링크가 뜹니다.
[링크를 터치하여 입장]이
가능합니다.
[내가 초대를 받았다면]
받은 [링크를 터치]합니다.

[그룹채팅 참여하기]를
터치합니다.

[새로운 프로필 만들기]를
터치하여 [이름을 변경]하여
참여하거나, 변경할 것이 없다면
[카톡 프로필 사진을 터치]후
오픈채팅에 [참여]합니다.

📱 오픈채팅 관리하기

오픈채팅창을 개설 했다면
채팅창우측 상단의 [삼선]을
터치하여 관리할 수 있습니다.

[대화에 참여중인 사람들을
관리]할 수 있으며,
채팅방의 목적에 어긋나는
말이나 스팸문자를 보내는
사람이 있다면 터치하여
[내보내기 또는 신고]할 수
있습니다.

[상단 메뉴]
① 채팅창리스트 [즐겨찾기]에
   추가
② [QR코드]로 초대 가능
③ 다른친구에게 [전달 / 공유]
   하기
④ 추가메뉴 [더보기] 버튼
   [더보기] 버튼을 터치합니다.

[오픈채팅방 관리] 화면이
뜹니다. 이름, 소개 등
[세부 정보 변경]이 가능합니다.
화면을 [위로 스크롤]하여
메뉴들을 확인합니다.

오픈채팅에 참여할 수 있는
[최대 인원수]는 10~1500명
까지 가능하며 원하는 대로
조절할 수 있습니다.
다른 사람에게 [방장권한]을
줄 수 있습니다.
[링크삭제]를 터치하면 채팅
방이 삭제됩니다.

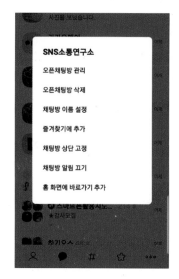

[오픈채팅방 관리]는 채팅
리스트에서 [채팅방 제목을
2초이상] 터치하여 설정할
수도 있습니다.

🖥 설정 > 채팅방 설정

[카카오톡 리스트]에서 우측
상단 [설정] 버튼을 터치합니다.

[전체설정]을 터치합니다.

카카오톡에 관련된 설정들
을 이곳에서 변경할 수 있습
니다.
채팅리스트 설정을 위해
[채팅]을 터치합니다.

🖥️ 설정 > 저장공간 확보하기

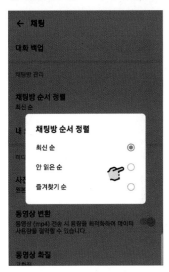

[채팅방 순서 정렬]을 터치하여
[안읽은순]으로 터치 하면 채팅
리스트가 안읽은 순서대로 상위에
나타나게 됩니다.
왼쪽 상단 [<- 뒤로] 버튼을 터치
하여 설정 창으로 이동합니다.
채팅 메뉴에 상단에 있는
[대화백업]은 이메일 계정 등록
했다면 백업 및 다운 가능합니다.

[설정 > 기타 >
저장공간 관리]를 터치합니다.

카카오톡으로 파일을 주고
받으면서 생긴 보이지 않는
[캐시 데이터]와
[웹 쿠키]가 기기의 용량을
차지하고 있습니다.
[각각 삭제]를 눌러 정리해
주면, 기기의 [저장공간을
확보]할 수 있습니다.
[<- 뒤로] 버튼을 터치하여
나갑니다

스마트폰 용어 정리

동기화(Synchronization)

안드로이드 폰과 구글 계정을 연동해서 구글 주소록을 동기화 시킨다고 가정했을때 구글 주소록에
있는 내용이 안드로이드 폰으로 옮겨져 둘의 내용이 같아진다. iOS에서는 아이폰(또는 아이패드)
에 있는 내용을 아이튠즈와 동일하게 만드는 것을 말한다.
만약 아이튠즈에 A, B, C, D의 애플리케이션이 있고 아이폰(또는 아이패드)에는 C, D, E의 애플리
케이션이 있는 상황에서 동기화를 하면 아이튠즈의 기준에 따라 E라는 애플리케이션은 삭제가
되고 A, B, C, D의 애플리케이션이 남게 되는 것이다.

해상도(Resolution)

스마트폰 액정의 화질을 나타내는 점이다. 800x1280 해상도라면 가로 800개, 세로 1280개의
점으로 화면이 이루어 졌다는 뜻이다. 해상도 숫자가 높을수록 더욱 선명한 화면을 제공한다.

🖥️ 카카오 페이

[카카오톡 계정을 등록하였다면]
카카오 페이를 등록하여
[간편 결제 시스템]을 이용 할 수
있습니다.

① **[더보기]** 버튼을 터치합니다.

② 카카오페이 메뉴가 나타나면
  [pay] 버튼을 터치합니다.

③ **[송금 / 결제]** 버튼으로
  원터치 송금 및 결제가 가능
  합니다.

① **[연결계좌]**를 터치하여
  **[자주 쓰는 입출금 통장
  계좌를 등록]**합니다.
  계좌 등록을 하게 되면,
  카카오페이에 잔액이 부족할
  경우 연결된 계좌에서
  [자동으로 출금]되어
  [카카오페이에 충전]됩니다.
  이 때 이체 수수료는 발생되지
  않습니다.

② **[카톡 친구와 더치페이]**도
  할 수 있습니다.

※ 계좌 등록시 연결된 계좌로
  1원이 입금되며 입금자명
  확인으로 본인 인증을 거치게
  됩니다. 따라서 자주 쓰는 은행의
  계좌하나쯤은 은행에 방문하여
  모바일 뱅킹에 가입 후 편리한
  핀테크(FinTech) 생활을 하시길
  권합니다.

[더치페이 화면]입니다.
금액을 입력하면
[자동으로 계산]되어
[요청하기] 버튼만
터치 하면 됩니다.

핀테크(FinTech)란?
금융을 뜻하는 '파이낸스
(Finance)'와 기술을 뜻하는
'테크놀로지(Technology)'가
하나로 합쳐진 단어.

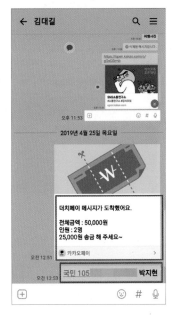

[더치페이 요청 메시지]가
발송 되었습니다.
더치페이로 받는 돈은 카카오
페이에 자동 입금이 되며,
[카카오페이로 입금을 원치
않을 때]에는 [계좌번호]를
알려줍니다.

카톡에서 받은 계좌번호로
[원터치 송금]이 가능합니다.
[받은계좌번호를 터치]
합니다.
[메뉴]가 나타나면
[계좌송금]을 터치합니다.

[보낼 금액을 입력]한 후
[보내기] 버튼을 터치하면
[친구의 계좌로 송금]됩니다.
이 때, 나의 카카오페이에
[잔액이 부족한 경우] 연결
된 계좌에서 카카오페이로
[자동 충전]되어 친구의
계좌로 [송금]됩니다.

🛒 선물하기

[카카오 페이를 설정 했다면]
친구에게 선물도 보내봅시다.
[채팅방 > + 버튼 > 선물하기]
를 터치합니다.

카테고리별 많은 상품들이
올라와 있는 것을 볼 수
있습니다.

[원하는 제품]을 찾아
터치합니다.

새 창이 뜨면 [선물하기]
버튼을 터치합니다.

① [메시지카드 쓰기]를
터치하여 [카드 메시지를
입력]합니다.
② 화면을 [위로 스크롤]
합니다.

① [결제수단]을 터치하고
② [개인정보제공동의를 체크]
합니다.
③ [결제하기] 버튼을 터치
합니다.

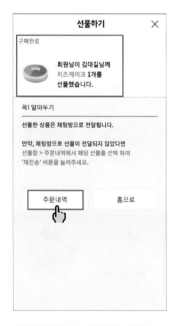

[구매완료] 화면이 나타
납니다.
[주문내역]을 터치하여 주문한
내역을 볼 수 있습니다.

[상세보기]를 터치합니다.

[친구의 사용 여부]를 확인
할 수 있고, 미사용 시
[결제취소 또는 재전송]
가능합니다.

스마트한 즐거움 만들기

11강. 카메라 기본 설정

12강. 사진 보정 앱(App) 활용하기

13강. 저장 공간 확보하기

14강. 음악 및 동영상 다운받기

15강. 메이크업 아티스트 앱(App) 활용하기

16강. 카드뉴스 만들기

17강. 이미지 합성 어플 활용하기

18강. 나만의 캐리커쳐 만들기

19강. 감동 스토리 영상편지 만들기

20강. 유튜브 1인 크리에이터 앱(App) 활용하기

21강. 쇼핑몰 앱(App) 활용하기

22강. 여행 관련 앱(App) 활용하기

11
SECTION

카메라 기본 설정

 사진 크기/용량 줄이기

사진 크기의 화면 비율 변경에 연동되어 저장 용량을 줄이는 방식으로 설정할 수 있습니다. [카메라 앱(App)]을 실행합니다.

카메라의 촬영화면에서 [설정] 톱니모양을 터치합니다.

후면 카메라와 전면 카메라 모두 각 각 설정합니다. 현재 설정된 후면 카메라의 사진 비율은 [16:9(9.6M)]로 용량을 줄이기 위해 [사진 크기]를 터치합니다.

CHECK 리스트

화면 비율은 가로세로 비율이라고도 하며, 적용되는 비율은 [4:3], [16:9], [1:1]이 있습니다. [16:9(6.0M)]를 터치합니다.

① 후면 카메라의 사진크기가 [16:9(6.0M)]로 변경되었습니다.
② 전면 카메라의 사진크기를 터치하여 인물사진에 적합한 [4:3(5.0M)]를 선택합니다.

전면 카메라의 사진크기가 [4:3(5.0M)]로 변경되었습니다.

🖥️ 수직/수평 안내선 설정하기

수평/수직 안내선은 카메라 촬영모드 화면에 가로와 세로로 나타나는 두 개의 흰색 줄을 말합니다. [카메라 앱(App)]을 실행합니다.

카메라 촬영 모드로 수평 / 수직 안내선이 없는 모습입니다.

카메라의 촬영화면에서 [설정] 톱니모양을 터치합니다.

[수평/수직 안내선]을 터치
합니다.

수직/수평 안내선을
[3 X 3]으로 선택합니다.
화면이 9개의 균등한 구역으로
나누어 표시되고 촬영한 사진에는
나타나지 않습니다.

촬영모드에 수직 / 수평
안내선이 표시되었습니다.
수직 / 수평 안내선은 전체
적인 사진의 구도를 완성
하는데 큰 도움을 줍니다

카메라 빠른 실행하기

순간적인 장면을 촬영하고자
할 때 카메라의 빠른 실행을
설정하기 위해 카메라의 촬영
화면에서 [설정] 톱니모양을
터치합니다.

[빠른 실행]을 설정합니다.

① [홈 버튼]을 빠르게
  두 번 눌러 카메라 앱을
  실행합니다. 촬영모드에서
  [홈 버튼]을 빠르게 두 번
  누르면 셀카로 바뀝니다.
② 홈 버튼이 없는 최신폰은
  [전원 버튼]을 빠르게
  두 번 눌러 카메라 앱을
  실행합니다

📱 음성으로 촬영하기

음성으로 촬영을 설정하기
위해서 [카메라 앱(App)]을
실행합니다.

카메라의 촬영화면에서
[설정] 톱니모양을 터치
합니다.

[음성으로 촬영]을 설정합
니다. '스마일', '김치', '촬영'
또는 '찰칵'이라고 말하면
사진을 촬영합니다.

📱 제스처로 촬영하기

카메라의 촬영화면에서
[설정] 톱니모양을 터치합니다.

[사진 촬영 방법]을 터치
합니다.

[제스처 제어]을 설정합니다.
카메라를 향해 [손바닥]을
내밀면 잠시 후 사진이 자동으로
촬영됩니다.

무음카메라로 촬영하기

[Play스토어]에서
[무음 카메라로]를 검색하여
설치합니다.

[무음 카메라로] 실행을 위해
[열기]를 터치합니다.

무음 카메라로 서비스를
설정할 수 있는 앱들이 보여
집니다. [카메라]를 터치합
니다.

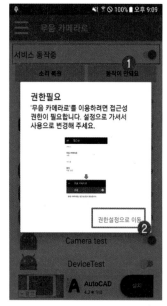

① [서비스 동작중]이 실행
　됩니다
② 무음 카메라의 접근성 권한을
　위해 권한설정으로 이동합니다.

[무음 카메라로]를 터치
합니다.

[사용 안 함]을 터치합니다.

무음 카메라의 권한을
[확인]합니다

무음 카메라로 접근성 권한이
[사용 중]으로 변경되었습
니다.

카메라 촬영화면에서 무음
카메라가 구동 중이라는
메시지가 나타납니다
셔터음이 발생하지 않습니다.

수동카메라로 촬영하기

기본카메라는 자동으로
설정되어 있으며,
프로 촬영을 위해 촬영화면
에서 [우측]으로 화면을 이동
시킵니다.

수동모드로 전환하기 위해
[프로]를 터치합니다.

[프로 기능]으로 ISO(감도),
셔터 속도, 수동 초점,
화이트밸런스(빛 보정)을
설정합니다

접사촬영은 이미지의 크기를
피사체의 실제 크기와 같거나
더 크게 보이게 만드는 촬영
기법입니다.
① [AF(자동 초점)]을 터치합니다.
② [수동(꽃모양)] 방향으로 이동시킵니다

피사체 주변이 흐릿하게
나타내는 기법으로 다른
피사체 대비 효과를 줄 때
사용하는 기능입니다.

좋은 사진을 위해서는 잠시
숨을 고르고 [팔꿈치]를
최대한 몸에 바짝 붙여
[고정]하는 것이 좋습니다.
팔이 몸에서 멀어지면
쉽게 흔들립니다.

갤러리 폴더 정리

저장된 사진 및 동영상을
확인하고 앨범별로 관리하거나
스토리를 만들 수 있습니다.
[갤러리 앱(App)]을 실행합니다.

상단의 더보기 [:]를 터치
합니다.

폴더를 만들기 위해
[앨범추가]를 터치합니다.

① 원하는 [앨범 이름]을
　적습니다
② [추가]를 터치합니다.

① 원하는 사진을 선택
　[√] 합니다
② [완료]를 터치합니다.

이미지를 복사하거나 이동
할 수 있습니다. [이동]을
터치합니다.

[꽃 사진 모음]이라는 폴더가
만들어졌고, 사진이 이동되었
습니다.
다른 이름으로 변경하기 위해
꽃 사진 모음 앨범을 [길게]
터치합니다.

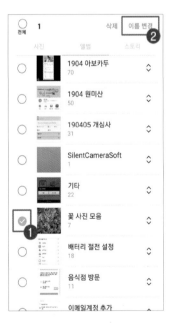

① 폴더가 선택 [√] 되었
　습니다.
② [이름 변경]을 터치하고
　[2019 꽃 사진 모음]으로
　이름을 변경합니다

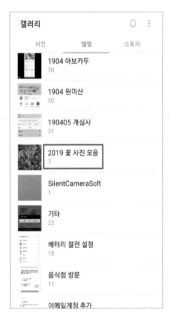

앨범이름이 변경되었습니다.

📱 스마트폰 파지법(그림)

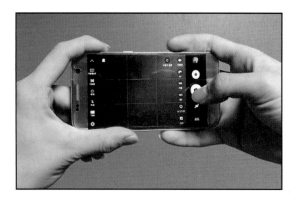

▶ 가로파지법

▶ 세로파지법

1. 오른손 검지와 새끼 손가락으로 스마트폰 오른쪽위 아래를 감싸듯 잡고 중지와 약지 손가락으로는 스마트폰의 뒷면을 지지해 줍니다.
2. 동시에 왼손은 엄지와 검지를 이용하여 스마트폰 왼쪽 위, 아래를 가볍게 잡아줍니다.
3. 오른손 엄지손가락을 이용해 셔터버튼을 눌러 촬영합니다.

1. 왼손으로 스마트폰 하단부를 움켜쥡니다.
2. 오른손으로 왼손을 한번 더 감싸 흔들림을 최소화 합니다.
3. 오른손 엄지손가락을 이용해 셔터를 누릅니다.

스마트폰 용어 정리

내장메모리
내장메모리는 스마트폰 자체에서 저장할 수 있는 공간을 말한다. 컴퓨터에 C드라이브나 D드라이브 라고 볼 수 있다.

외장메모리
외장메모리는 컴퓨터와 비교하면 외장하드나 USB와 비슷하다고 생각 하면 된다.
스마트폰은 마이크로 SD카드나 OTG USB 메모리를 사용할 수 있다.

메모리
RAM(Random Access Memory)이라고 불리며, 스마트폰에서 애플리케이션을 동시에 동작하기 위해서 필요한 저장소라고 생각하면 된다. 저장 메모리에서 넘어온 어플의 정보와 데이터가 램에 저장 되며, 어플이 실행중이면 그 어플의 데이터만큼 램이 사용된다. 컴퓨터도 램의 용량이 커야 처리 속도가 원활한 것처럼 스마트폰 역시 램의 용량이 크면 어플 구동이나 멀티테스킹에 도움이 된다.

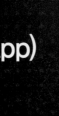

12
SECTION

사진 보정 앱(App) 활용하기

 DSLR Blur

다운로드하기
Google Play

QR-CODE를 스캔하시면
[DSLR Blur] 활용법에 대한
자세한 영상을 보실 수 있습니다.

[DSLR Blur]는 아웃포커싱 된 사진처럼 인물은 선명하게, 배경은 흐리게 만들어주면 인물에 집중되는 사진으로 만들어주는 앱(App)입니다.

[DSLR Blur] 앱(App)의 장점

▶ DSLR 카메라에서 구현 가능한 보케(Bokeh) 효과를 사진에 적용할 수 있습니다.
  (보케는 '흐림' 혹은 '안개'를 뜻하는 일본어에서 유래함)
▶ 구형 스마트폰도 신형 스마트폰처럼 아웃 포커싱 기능을 활용할 수 있습니다.

[효과 적용 전 사진]

[DSLR Blur]
메뉴에서
[Blur]
효과를 적용하면
적용되는
이미지입니다

[효과 적용 후 사진]

CHECK 리스트

① [Play스토어]에서
　[DSLR Blur] 검색 후
　설치를 합니다.
② [열기]를 터치합니다.

[BLUR]를 터치합니다.

다음 작업을 위해 [허용]을
터치합니다.

사용 설명 화면의 [OKAY]를
터치합니다.

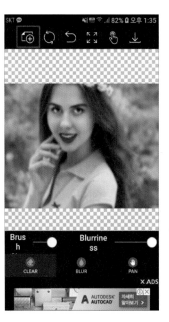

작업할 사진을 가져 오기
위해 좌측 상단에 파일
아이콘을 터치합니다.

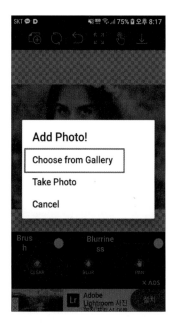

[Choose from Gallery]를
터치합니다.

① 작업할 사진을 터치합니다.
② 사진은 최신 순으로 보여지
　므로 원하는 사진을 찾으려면
　좌측 [≡]을 터치합니다.

① Blur의 흐리고 진한 농도를
　조절할 수 있습니다.
② 브러쉬 크기를 조절한 후
　원하는 피사체를 지워줍니다.
③ [PAN]을 터치하면 사진 크기를
　엄지와 검지 두손가락으로
　확대 및 축소를 해서 손가락이나
　터치펜으로 섬세하게 피사체의
　농도를 조절할 수 있습니다.

① 농도조절이 완료된 사진
　입니다. 사용자가 원하는
　사진인지 확인합니다.
② 완성된 사진을 저장하기
　위해 터치합니다.

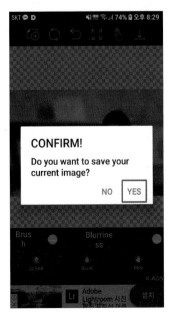

[YES]를 터치합니다.

사진을 다른 사이트로
공유할 수 있습니다.

 **싸이메라(흑백사진속에 중심 피사체 칼라로 만들기)**

   QR-CODE를 스캔하시면
[싸이메라] 활용법에 대한
자세한 영상을 보실 수 있습니다.

[싸이메라]는 전문가 느낌의 사진 편집을 할 수 있는 앱(App)입니다.

[싸이메라] 앱(App)의 기능

▶ 싸이메라 앱은 뷰티 전용 카메라 어플로 3,500종이 넘는 다양한 스티커를 활용할 수 있습니다.

▶ PC포토샵에서만 가능했던 전문가 느낌의 사진 편집이 가능합니다.

▶ 흑백에 포인트 컬러를 주는 [컬러스플래쉬] 편집기능을 할 수 있습니다.

[효과 적용 전 사진]

[효과 적용 후 사진]

[싸이메라] 효과
메뉴에서
[컬러스플래쉬]
효과를 적용하면
적용되는 이미지
입니다.

MEMO

① [Play스토어]에서
   [싸이메라] 검색 후
   설치를 합니다.
② [열기]를 터치합니다.

싸이메라 활용법이 보여집니다.
좌측으로 드래그 하여
[시작하기]를 터치합니다.

[편집]을 터치합니다.

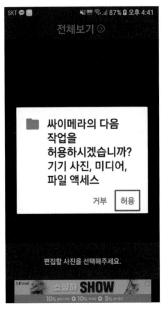

다음 진행을 위해 [허용]을
터치합니다.

① 작업할 사진을 터치합니다.
② 사진이 최신 순이므로
   원하는 사진이 최신 순에 안 보이면
   [전체보기]를 터치합니다.

[효과]를 터치합니다.

효과 메뉴에서
[컬러스플래쉬]를 터치합니다.

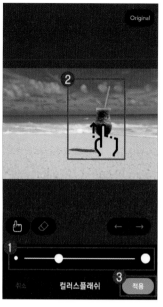

① 영역 조절 크기를 맞춰줍니다.
② 칼라로 만들고 싶은 영역을
　 손가락으로 표시합니다.
③ **[적용]**을 터치합니다.

완성된 사진을 저장하기
위해 저장 아이콘을 터치
합니다.

사진의 크기를 지정하여
저장 할 수 있습니다.

① 계속 편집 할 수 있습니다.
② 사진을 다른 사이트로 공유할 수
　 있습니다.

 스냅시드

QR-CODE를 스캔하시면
[스냅시드] 활용법에 대한
자세한 영상을 보실 수 있습니다.

[스냅시드]는 전 세계 사진작가들이 가장 많이 사용하는 보정 앱(App)입니다.

[스냅시드] 앱(App)의 장점

▶ 광고가 없는 사진 편집 앱(App)입니다.

▶ 구글에서 제공하는 무료 보정앱입니다.

▶ 자신이 원하는대로 색감을 편집할 수 있고 화질이 깨지지 않습니다.

▶ 자신이 디자인 감각이 부족해도 전문가 못지않게 사진들을 디자이너블하게 만들 수 있습니다.

▶ 많은 기능을 제대로 활용하지 않아도 [가이드] 메뉴를 활용해서 사진작가 못지않게 멋지게 사진을
   보정할 수 있습니다.

[스냅시드] 앱 주요기능

▶ 유명한 '기준점' 기술로 이미지에 최대 8개의 포인트를 지정하고 보정 수준을 선택하면 알고리즘이
   자동으로 처리되는 [부분 보정] 기능

▶ 단체사진에서 원하지 않는 잡티 지우기를 할 수 있는 [잡티 제거] 기능

▶ 사진 밝기를 더욱 세밀하게 조정할 수 있는 [커브] 기능

▶ 캔버스의 크기를 늘린 다음 새로 생긴 공간을 이미지의 콘텐츠로 스마트하게 채울 수 있는 [확장] 기능

▶ 사진에 50년대, 60년대, 70년대의 컬러 필름 느낌을 만들어낼 수 있는 [빈티지] 기능

▶ 눈에 초점을 넣고 얼굴의 특정 부분에 조명을 추가하거나 피부를 매끄럽게 보정할 수 있는
   [인물 사진] 기능

CHECK 리스트

홈 화면에서 [Play스토어]
아이콘을 터치합니다.

[Snapseed]를 검색해서
설치한 후에 [열기]를 터치
합니다.

사진을 열려면 화면 아무곳
이나 터치해서 사진을 가져
옵니다.

이번에는 인물 사진을
수정해보도록 하겠습니다.
가져오고자 하는 사진을
터치합니다.

선택한 사진에서 얼굴만
잘라내기위해서 [도구] 메뉴를
터치합니다.

① [자르기] 메뉴를 터치합
니다.

① [**자르기**] 메뉴 아이콘을
　터치하면 [**자르기**]
　메뉴가 사이즈별로 나열되어
　보여지고 여기서는
② [**정사각형**] 메뉴를 터치
　합니다.

① 모서리 부분과
② 모서리 부분을 손가락으로
　드래그해서 정사각형 사이즈를
　조절할 수 있습니다.
　가운데 부분을 손가락으로
　드래그해서 [**정사각형 자르기**]
　위치를 이동시킬 수 도 있습니다.
　원하는대로 사진이 완성되면
③ [**체크 표시**]를 터치합니다.

얼굴 방향이 왼쪽으로
치우쳐져 있습니다. 얼굴
방향을 조정하기 위해서
[**도구**] 메뉴를 터치합니다.

[**얼굴 방향**] 메뉴를 터치
합니다.

① [**얼굴 방향**] 메뉴 아이콘이
　파란색으로 보이면 얼굴
　방향을 조정할 수 있습니다.
② 사진 부분과 ③ 화면 부분을
　손가락으로 움직이면 얼굴
　방향도 같이 움직입니다.

[**얼굴 방향**] 메뉴 아이콘을
터치하면 회색으로 변경
되고 ① **[삼선]** 아이콘을
터치하면 [**눈동자크기**],
[**얼굴**], [**초점거리**]등을
조절할 수 있습니다.

[**눈동자 크기**]를 조절하고
싶다면 손가락으로 드래그
하면 [**눈동자 크기**]를 조절
할 수 있습니다.
① 오른쪽으로 드래그하면 눈이
　 커지고 ② 좌측으로 드래그
　 하면 눈이 작아집니다.

① 손가락으로 상하 움직이면
　 적용하고 싶은 메뉴를 선택
　 할 수 있습니다.
② [**얼굴**] 메뉴를 선택하면
　 입꼬리를 위아래로 움직이도록
　 조절할 수 있습니다.

① 오른쪽으로 손가락을
　 드래그하면
② 입꼬리가 위로 올라갑니다.
　 손가락을 좌측으르 드래그
　 하면 입꼬리는 내려갑니다.

[**초점거리**] 메뉴를 선택하면
얼굴을 갸름하게 할 수 도 있고
조금 퍼져 보이게 할 수 도 있습니다.
① 오른쪽으로 손가락을 드래그
　 하면 얼굴이 갸름해지고
② 왼쪽으로 드래그하면 얼굴이 퍼져 보입니다.

얼굴 보정이 완성이 되면
기본 보정을 하기 위해서
[**도구**] 메뉴를 터치합니다.

[**기본 보정**] 메뉴를
터치합니다.

① 번 방향으로 손가락을
드래그하면 사진이 밝아지고
② 번 방향으로 드래그하면
사진이 어두워집니다.
③ [마술봉] 아이콘을 터치
하면 [사진 밝기]가
자동으로 조정됩니다.

① 파도모양을 터치하면 막대
그래프로 바뀌는 모양입니다.
② [별표] 아이콘을 터치하면
직접 보정이나 효과를 일일이
적용하지 않아도 기존에
적용된 메뉴를 바로 적용시킬
수 있습니다.

화면을 손가락으로 ① 위아래로
드래그하면 [기본 보정] 메뉴가
보입니다. 또는 ② [기본 보정]
아이콘을 터치하면 메뉴가 보이고
③ [밝기]를 조절하고 싶다면
[밝기] 메뉴에서 손가락을 떼면
밝기를 조절할 수 있습니다.

① 부분을 터치하면 [Snapseed]
기본 사용법에 대해서 볼 수
있습니다.
② 화면을 위로 드래그하면 사진에
효과들이 적용된 여러 사진들을
볼 수 있습니다.

① 손가락을 좌우로 드래그
하면 밝기를 조절할 수
있습니다. 사진이 밝아지면
② 파도모양이 오른쪽으로
치우치고 어두워지면 좌측
으로 치우칩니다.
[파도 모양]을 터치하면
막대그래프 모양으로 바뀌고
원하는대로 기본보정이 완성되면
③ [체크] 표시를 터치합니다.

[휴일 빈티지 엽서] 사진이
마음에 든다면 터치합니다.

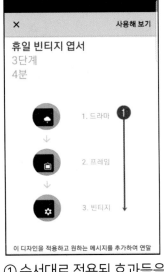

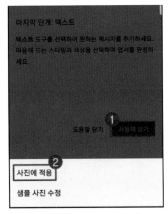

① [사용해 보기] 메뉴를
　터치하면 [사진에 적용]
　메뉴와 [샘플 사진 수정]
　메뉴가 나오는데 [사진에 적용]을
　하면 여러효과가 적용된
　[휴일 빈티지 엽서] 효과가 적용됩니다.
② 화면을 위로 드래그하면 적용된 효과들을 볼 수 있습니다.

① 순서대로 적용된 효과들을
　볼 수 있습니다.

화면 하단에도
① [사용해 보기] 메뉴가
　있는데 터치하면
② [사진에 적용] 메뉴가
　보이는데 터치하면 사진에
　바로 여러 효과들을 한번에
　적용할 수 있습니다.

[적용]을 터치하면
바로 효과가 적용됩니다.

① [스타일]을 터치하면 여러
② 필터효과들을 적용시킬 수
　있습니다.
③ [좌로 화살표] 아이콘을
　터치하면 다양한 메뉴들을
　적용시킬 수 있습니다.

① [실행취소] 메뉴를 터치
　하면 적용된 효과가 취소됩니다.
② [되돌리기] 메뉴를 터치
　하면 원본 사진으로 되돌
　아갑니다.
③ [수정 단계 보기] 메뉴는
　적용된 효과들을 한번에
　볼 수 있습니다.
④ [QR 스타일] 메뉴는 QR-
　CODE를 스캔하면 바로
　효과가 똑같이 다른 사진에도
　적용됩니다.

[수정 단계 보기] 메뉴를
선택하면 적용된 효과가
한눈에 볼 수 있게 나열됩니다.
① [좌측 방향] 아이콘을 터치
하면 수정할 수 있는 필터
아이콘이 보여지고 터치
하면 수정화면으로 이동합니다.

원하는 효과가 모두 적용된 후
① [내보내기]를 터치하면
[저장] 및 [공유하기]를
할 수 있습니다.
② [점3개] 아이콘을 터치하면
[설정] 메뉴 및 [가이드]
메뉴가 나옵니다.

[설정] 메뉴에 들어가면
[이미지 크기 조정]이나
[형식 및 품질]을 지정할
수 있습니다.
[가이드] 메뉴를 터치하면
앞에 [사용해 보기] 메뉴를
이용할 수 있습니다.

앞에서와 같이 마음에 드는
효과가 적용된 사진을 터치
하면 자신이 선택한
사진에 적용시킬 수 있습니다.

[좌로 화살표] 아이콘을
터치하면 맨 하단에
[QR 스타일] 메뉴가
보이는데 터치합니다.

[QR 스타일 생성] 메뉴를
터치하면
효과가 적용된 사진에 대한
QR-CODE가 생성됩니다.

QR-CODE가 생성된 화면이 보입니다. 공유를 터치하면 생성된
QR-CODE를 다른 사람에게 보낼 수 있습니다.

QR-CODE를 상대방이 스캔하면 적용된 효과가 바로 다른 사진에도 적용이 됩니다.
상대방은 [QR 스타일 스캔] 메뉴를 터치합니다.

QR-CODE 스캔을 위해서 QR-CODE를 직사각형 안에 맞추게 되면 효과가 바로 다른 사진에도 적용됩니다.

스마트폰 용어 정리

RAM(Random Access Memory)
CPU에서 하는 작업을 저장, 기억하였다가 다시 사용할 수 있도록 하는 일종의 기억장치이다.

탭 / 더블탭
탭(Tap)/더블탭(Double tap) 컴퓨터로 치면 클릭, 더블클릭이다.
손가락으로 화면의 애플리케이션을 한 번 터치하면 그 것이 '탭', 두 번 터치하면 '더블탭'이다.

NFC(Near Field Communication)
NFC는 10cm 이내의 가까운 거리에서 무선으로 다양한 데이터를 주고받는 통신 기술이다.
통신거리가 짧기 때문에 보안이 우수하고 가격이 저렴해 주목받는 차세대 근거리 통신 기술이다.
근거리 통신의 대표 격인 블루투스와 비슷하지만 블루투스처럼 기기 간 설정을 하지 않아도 되는 것이 NFC의 특징 중 하나다.

13 SECTION | 저장공간 확보하기

 **알약M**

QR-CODE를 스캔하시면
[알약M] 활용법에 대한
자세한 영상을 보실 수 있습니다.

[알약M] 앱(App)은 휴대폰을 바이러스로부터 보호하고, 파일청소 및 기기를 최적화 할 수 있습니다.

[알약M] 앱(App)의 장점

▶ 스마트폰을 안전하게 사용할 수 있도록 바이러스 검사 기능을 제공합니다.

▶ 앱 캐시 및 쓰레기 파일을 정리하여 스마트폰을 최적화 할 수 있도록 파일 청소기능을 제공합니다.

▶ 불필요한 앱을 정리 할 수 있도록 메모리 최적화 기능을 제공합니다.

▶ 배터리 시간을 연장 할 수 있는 배터리 기능을 제공합니다.

[알약M] 앱 활용시 참고사항

▶ 한국어, 영어, 일본어, 스페인어, 태국어 등 5개 언어를 지원합니다.

▶ 저장소, 전화, 카메라, 위치 등 서비스에 필요한 앱 접근권한이 필요합니다.

▶ 접근권한 개별 동의를 위해서는 안드로이드 6.0 이상의 운영체제에서 사용이 권장됩니다.

─ CHECK 리스트 ─

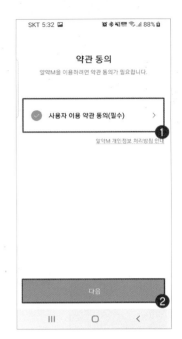

[Play스토어]에서 [알약M]을
검색하여 설치합니다. .

[알약M]을 실행하기 위해
[열기]를 터치합니다.

① [사용자 이용 약관 동의]를
　 체크한 후,
② [다음]을 터치합니다.

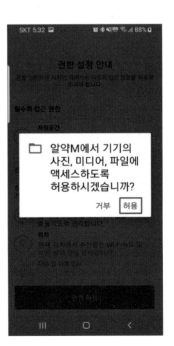

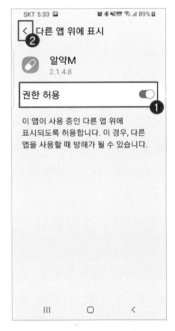

폰을 검사하기 위한 접근 권한을
허용하기 위하여 [권한 허용]을
터치합니다.

또한, 검사를 위한 기기의 사진,
미디어, 파일에 액세스 할 수
있도록 [허용]을 터치합니다.

① 이 앱이 사용중인 다른
　 앱 위에 표시 될 수 있도록
　 [권한 허용]을 체크합니다.
② 뒤로 가기 [<]를 터치
　 합니다.

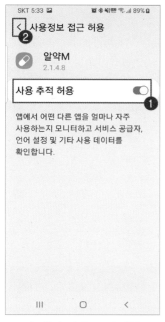

① 이 앱이 사용중인 앱을 모니
  터링 할 수 있도록 [사용
  추적 허용]을 체크합니다.
② 뒤로 가기 [<]를 터치합니다.

① 알약M 앱이 항상 최신버전으로
  업데이트 할 수 있도록 [Wi-Fi
  또는 모바일 데이터 사용]을
  체크합니다.
② [완료]를 터치합니다.

앱의 다양한 기능 사용법을
확인 한 후, [새로워진 알약
M 시작하기]를 터치합니다.

① 예약검사를 하고자 할
  경우에는 [예약 검사]를
  터치하여 예약 시간을 설정
  하거나,
② [검사하기]를 터치합니다.

① 검사영역을 설정합니다.
② [검사하기]를 터치합니다.

① 배터리를 최적화하기
  위하여 [배터리 최적화]를
  터치하거나,
② 뒤로 가기 [←]를 터치합니다.

① 배터리 최적화 결과 배터리
   사용 시간이 연장되었음을
   확인합니다.
② 뒤로 가기 [←]를 터치합니다.

① [청소]를 선택합니다.
② [청소하기]를 터치합니다.

① 파일 청소 검색 결과를
   확인한 후,
② 파일 청소를 위하여
   [청소]를 터치합니다.

① 파일 청소 결과를 확인합니다.
② 메모리를 최적화하기 위하여
   [메모리 최적화하기]를 하거나
   다른 메뉴로 이동하려면
③ 뒤로 가기 [←]를 터치 합니다.

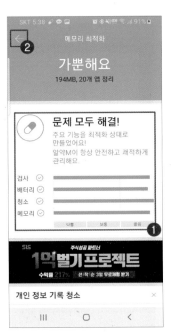

① 메모리 모든 부분이 최적화
   되었음을 확인합니다.
② 뒤로 가기 [←]를 터치합니다.

① 메신저를 검사하기 위하여
   [메신저]를 선택합니다.
② [분석하기]를 터치합니다.

① 사진 [관리하기]를 터치하여
　불필요한 사진을 삭제합니다.
② 동영상 [관리하기]를 터치하여
　불필요한 동영상을 삭제합니다.
③ 뒤로 가기 [←]를 터치합니다.

① 메모리 최적화를 위하여
　[메모리]를 선택합니다.
② [정리하기]를 터치합니다.

① 메모리 모든 부분이 최적화
　되었음을 확인한 후,
② 뒤로 가기 [←]를 터치합니다.

저장공간 관리하기(삼성전자 제품) : Galaxy S9 + 기준

[설정]을 터치합니다.

설정 메뉴화면을 위로 밀어 올려
[디바이스 케어]를 터치합니다.

① 시스템 전체 최적화를 위해서는
　[지금 최적화]을 터치하거나,
② 저장공간 최적화를 위해서는
　[저장공간]을 터치합니다.

[지금 최적화]를 하였을 때
완료된 최적의 상태를 확인
할 수 있습니다.

저장공간을 최적화 하기 위하여
[지금 정리]를 터치합니다.

저장공간의 최적화 결과를
확인한 후
[완료]를 터치합니다.

저장공간이 최적화 되어 저장
공간이 확대되었음을 확인할 수
있습니다.

RAM메모리를 최적화 하기
위하여, [RAM]를 터치하여,
[지금 정리]를 터치합니다.

RAM이 최적화 되어 RAM
공간이 확대되었음을 확인
할 수 있습니다.

🖥️ 저장공간 관리하기(LG전자 제품) : Think Q 기준

[설정]을 터치합니다.

설정 메뉴화면을 위로 밀어 올려
[저장소]를 터치합니다.

저장공간 최적화를 위해서,
[내부 저장소]를 터치합니다.

[저장 공간 확보]를
터치합니다.

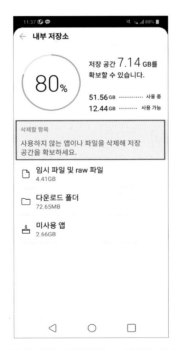

[삭제할 항목]을 터치합니다.

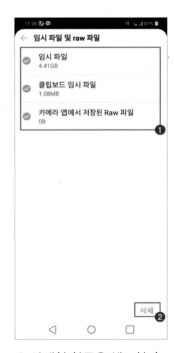

① 삭제할 항목을 체크한 후,
② [삭제]를 터치합니다.

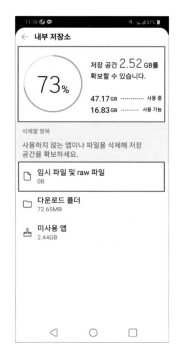

내부 저장소의 임시파일 삭제 후,
[임시 파일 및 raw 파일]이
0B로 되었음을 알 수 있습니다.

내부 저장소 정리 결과로 각
항목별로 저장 공간이 확보
되었음을 확인할 수 있습니다.

내부 저장소 전체에 대한
공간 확보 결과를 확인 할
수 있습니다.

스마트폰 용어 정리

증강현실(Augmented Reality)

현실 세계에 컴퓨터 기술로 만든 가상물체 및 정보를 융합, 보완해 주는 기술을 말한다. 현실 세계에
실시간으로 부가정보를 갖는 가상 세계를 더해 하나의 영상으로 보여주므로 혼합현실(MR : mixed
reality)이라고도 한다.
현실에 존재하지 않는 정보를 보여주거나 실제 환경에 가상의 정보를 더해 주는 것이다.

QR코드(Quick Response Code)

흑백 격자 무늬 패턴으로 정보를 나타내는 매트릭스 형식의 이차원 바코드이다. 기존 바코드가 용
량 제한에 따라 가격과 상품명 등 한정된 정보만 담는 데 비해 QR코드는 넉넉한 용량을 강점으로
3차원적인 다양한 정보를 담을 수 있다.

외장 SD메모리 카드 설치하기

저장공간 확보의 최후수단으로 외장 SD메모리 카드를 구입하여 설치 하여 촬영한 사진, 동영상, 앱 데이터 및 다운로드 파일을 저장하여 내장메모리 저장공간을 확보할 수 있습니다.

▶ 외장 SD메모리 카드는 16GB ~ 512GB 등 다양하게 있으며, 가격은 수천원부터 십수만원까지 있으므로 각자의 사용환경에 맞는 것을 구입하여 활용하시면 됩니다.

▶ 외장 SD메모리 카드를 장착 할 수 있는 트레이(또는 슬롯)는 제조사 및 모델별로 다르고 스마트폰 모델에 따라 외장 SD메모리 카드 장착이 불가능한 경우도 있고, 장착할 수 있는 용량이 다르므로 반드시 사용설명서를 참고하시기 바랍니다.

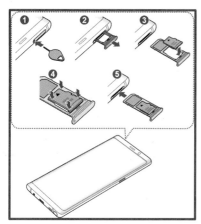

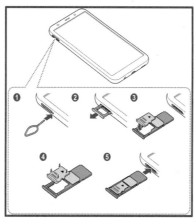

외장 SD메모리 카드 트레이가 외장메모리 + Nano-SIM 카드 일체형으로 상부에 위치하는 모델도 있습니다.

외장 SD메모리 카드 트레이가 외장메모리 + Nano-SIM 카드 일체형으로 좌측 상부에 위치하는 모델도 있습니다.

외장 SD메모리 카드 트레이가 Nano-SIM 카드와 독립되어 있는 모델도 있습니다.

스마트폰 용어 정리

블루투스(Bluetooth)
휴대폰과 휴대폰 또는 휴대폰과 PC간에 사진이나 벨소리 등 파일을 전송하는 무선 전송 기술이다. 주로 10미터 안팎의 초단거리에서 저전력 무선 연결이 필요할 때 쓰인다.

외장 SD메모리 카드 사용시 참고사항

▶ 외장 SD메모리 카드를 설치 할 경우에는 반드시 스마트폰의 전원을 OFF하고 설치하여야 합니다..

▶ 내부저장공간 확보를 위하여 카메라 설정에서 저장공간을 SD 카드로 변경하여야 합니다.

▶ 사용 앱의 설정메뉴에서 저장위치를 SD 카드로 변경하여야 합니다.(일부 앱에서만 사용 가능합니다.)

메모리 카드를 처음 탑재하였을 경우, [포맷]을 한 후 사용하고, 제거할 경우, [마운트 해제]를 하여야 합니다.

[카메라 설정] → [저장위치] → [SD 카드]로 설정을 변경합니다.

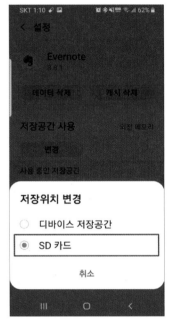

[설정] → [애플리케이션] → 해당앱[저장공간] → [변경] → [SD 카드]로 설정을 변경합니다.

스마트폰 용어 정리

백업(Back-Up)

컴퓨터에서 자료가 사라지지 않게 저장해 두는 그 '백업'과 동일한 의미지만 방법이 다르다. iOS같은 경우 아이튠즈를 통해 '백업' 작업을 할 수 있으며 안드로이드는 특정 어플리케이션을 통해 백업을 할 수 있다.

참고로 SD카드에 있는 내용물은 USB로 연결하여 간단히 저장할 수 있다.

14 | 음악 및 동영상 다운받기

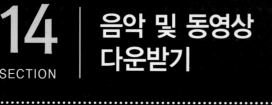

튜브메이트3

QR-CODE를 스캔하시면 [튜브메이트3] 활용법에 대한 자세한 영상을 보실 수 있습니다.

[튜브메이트3]로 동영상과 음악을 다운받을 수 있습니다.

[튜브메이트3] 앱(App)의 장점

▶ [튜브에이트3]는 원스토어에서 다운받아 설치합니다.

▶ 유튜브 동영상 파일은 다양한 해상도로 존재하므로, 선택하여 다운로드가 가능합니다.

▶ [튜브메이트3]를 이용하면 한꺼번에 50 ~ 100개 파일도 다운로드 가능합니다.

유튜브에서 [튜브메이트3]로 동영상 다운받기

▶ 유튜브에서 동영상을 검색합니다.

▶ 공유 – 링크 주소복사 – [튜브메이트3]로 다운받습니다.

▶ 비디오를 분석하여 다양한 형태의 동영상 파일을 보여줍니다.

▶ 해상도에 따라 선택하여 동영상(.mp4)을 다운로드 합니다.

유튜브에서 [튜브메이트3]로 음악 다운받기

▶ 유튜브에서 음악 M/V를 검색합니다.

▶ 공유 – 링크 주소복사 – [튜브메이트3]로 다운받습니다.

▶ MP3 비디오 다운로더로 음악을 추출합니다.

▶ 음악을 MP3 변환하여 다운로드 합니다.

CHECK 리스트

① 스마트폰 홈화면에서
[원스토어]를 터치합니다.

① [원스토어] 검색창을 터치하여
[튜브메이트3]를 입력합니다.

① 검색된 [튜브메이트3]를
선택하고, 터치합니다.

① [튜브메이트3]를
다운로드 합니다.

① [튜브메이트3]가
내 스마트폰에 설치중입니다.

① 설치된 [튜브메이트3]를
실행합니다.

① [튜브메이트3]의
정상작동을 위해 권한허용을
확인합니다.

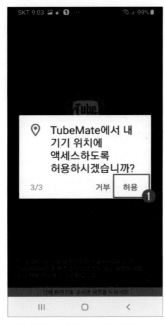

① [튜브메이트3]에서
내 기기에 액세스 하도록
허용합니다.

① [튜브메이트3]가 다른
앱위에 그리기를 확인합
니다.

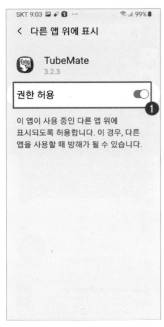

① [튜브메이트3]가 다른
앱 위에 표시되도록
권한허용을 활성화합니다.

① [튜브메이트3]가
내 스마트폰에 설치되었습니다.

① 스마트폰 홈화면에서
[유튜브]를 실행합니다.

① 다운받을 동영상을 선택하고
② [공유]를 터치합니다.

① [링크복사]를 터치합니다.

① 우측 하단에
　[튜브메이트3] 아이콘이
　나타납니다.
　[튜브메이트3]를 터치합니다

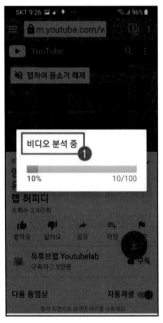

① [튜브메이트3]가 비디오를
　분석중 입니다.

① 유튜브에는 다양한 해상도의
　동영상이 있습니다. 내게 맞는
　해상도의 동영상을 선택합니다.
② 동영상을 [다운로드]합니다.

① [동영상] 다운로드가
　완료되었습니다.
　내파일-내장메모리-
　비디오에 저장되었습니다.

① 음악도 [튜브메이트3]로
   유튜브에서 다운로드 받을 수
   있습니다. 유튜브를 실행합니다.

① 유튜브 검색창에 음악명
   [아모르 파티]를 입력하고,
② 검색된 뮤직비디오(M/V)중
   하나를 선택합니다.

① 음악이 실행되면,
   [공유]를 터치합니다.

① [링크복사]를 터치합니다.

① [튜브메이트3] 아이콘이
   나타납니다. 터치합니다.

① [오디오.mp3]를 선택하고,
② [다운로드]를 터치합니다.

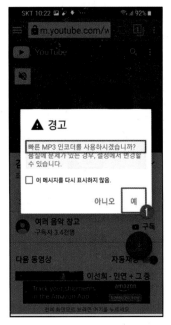

① [MP3 인코더]를
사용하시겠습니까?
[예]를 터치합니다.

① [MP3 Video Converter]를
설치합니다.

① 연결 프로그램으로
[구글 플레이 스토어]를
선택합니다.

① [비디오 MP3 컨버터]를
설치합니다.

① 내 스마트폰에 설치중입니다.

① [비디오 MP3 컨버터]가
설치가 완료되면, 열기를
터치합니다.

① **[MP3 Video Converter]** 에서 내 스마트폰에 액세스 하도록 허용합니다.

① **[MP3 Video Converter]**가 설치되면, 유튜브에서 음악을 다운로드 받습니다. 음악을 확인합니다.

① **[음악]** 다운로드가 완료 되었습니다. 내파일-내장 메모리-mp3에 저장되었 습니다.

스마트폰 용어 정리

인터넷(Internet)
전 세계의 컴퓨터(스마트폰 등 IT기기)가 서로 연결되어 TCP/IP(Transmission Control Protocol/ Internet Protocol)라는 통신 프로토콜을 이용해 정보를 주고받는 컴퓨터 네트워크이다.

웹(Web)
월드 와이드 웹(World Wide Web, WWW, W3)은 인터넷에 연결된 컴퓨터들을 통해 사람들이 정보를 공유할 수 있는 전 세계적인 정보 공간을 말한다. 간단히 웹(Web)이라 부르는 경우가 많다. 이 용어는 인터넷과 동의어로 쓰이는 경우가 많으나 엄격히 말해 서로 다른 개념이다. 웹은 전자 메일과 같이 인터넷 상에서 동작하는 하나의 서비스일 뿐이다.
그러나 1993년 이래로 웹은 인터넷 구조의 절대적 위치를 차지하고 있다.

15 SECTION | 메이크업 아티스트 앱(App) 활용하기

 유캠 메이크업

QR-CODE를 스캔하시면
[유캠 메이크업] 활용법에 대한
자세한 영상을 보실 수 있습니다.

[유캠 메이크업] 앱(App)은 다양한 효과로 사진을 멋지게 합성할 수 있습니다!

[유캠 메이크업] 앱(App)의 장점

▶ 무료로 이용할 수 있는 증강현실 메이크업 어플로 인위적인 티가 나지 않습니다.

▶ 부위별(눈, 눈썹, 입술 등)로 디테일하게 화장할 수 있는 메이크업 어플입니다.

▶ 피부나이, 피부 건강에 대한 측정도 가능하며 결점 감지 결과도 알려줍니다.

[효과 적용 전 사진]　　　　　　　　　　　　　**[효과 적용 후 사진]**

[유캠 메이크업]
가이드 메뉴 중
필터에서
[리시안셔스]
효과를 적용하면
적용되는
이미지입니다.

──── CHECK 리스트 ────

[Play스토어]에서
[유캠 메이크업] 검색 후
설치를 합니다. 설치가 완료된 후
[열기]를 선택합니다.

다음 작업을 위해 [허용]을
터치하여 다음 화면으로
이동합니다.

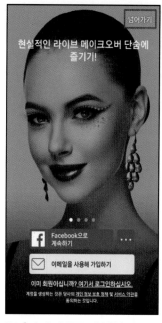

[넘어가기]를 터치하여
회원가입 없이 작업을 진행
할 수 있습니다.

로그인을 건너뛰기 위해
[넘어가기]를 터치합니다.

① [사진 메이크업]은 사용자
   갤러리에 사진을 가져와
   메이크업 편집을 할 수 있습니다.
② [피부 점수]는 현재 나의 피부
   나이를 측정해 볼 수 있습니다.
③ [메이크업 캠]을 터치하여 다음화면으로 진행합니다.

사진 및 동영상 촬영을 위해
두번의 [허용]을 터치해줍니다.

촬영 모드의 첫 화면입니다.

① 사용자 갤러리에서 사진을
　가져와서 메이크업 할 수
　있습니다.
② 피부를 스캔하여 피부
　나이를 알려줍니다.
③ 바로 촬영 버튼
④ 다양한 효과와 메이크업을
　적용한 얼굴을 동영상으로
　촬영할 수 있습니다.
⑤ 화면에 기본으로 필터가 적용
　된 것을 지울 수 있습니다.

① 화면의 밝기를 조절할 수
　있습니다.
② 화면에 기본으로 필터 메뉴가
　보여지며 필터 메뉴 중에서
　[리시안 셔스]를 적용시켜
　봅니다.
③ 터치하여 촬영합니다.

촬영 후 화면으로 사진이
마음에 들지 않는다면

① [다시 촬영]을 할 수 있습
　니다.
② [프레임]은 유캠 메이크업
　에서 지원하는 다양한
　사진틀=프레임 무료로
　이용합니다.
③ [메이크업]은 촬영 후에도
　추가 메이크업도 할 수 있습
　니다.
④ [저장]을 터치하여 저장합
　니다.

스마트폰 용어 정리

웹브라우저(WebBrowser)

웹 브라우저(web browser)는 웹 서버에서 쌍방향 통신
하는 HTML 문서나 파일과 연동하고 출력하는 응용 소프트웨어이다. 그냥 쉽게 인터넷을 하기 위한
프로그램으로 이해하면 된다. 개인용 컴퓨터에서 주로 쓰는 웹 브라우저에는 인터넷 익스플로러,
모질라 파이어폭스, 오페라, 사파리, 구글 크롬 등이 있다. 웹 브라우저는 대표적인 HTTP 사용자
에이전트의 하나이기도 하다.

① [메이크업]의 각종
기능을 적용하여
② [동영상]을 촬영 할 수
있습니다

① 영상 시간이 표시 됩니다.
② [다시 촬영] 동영상을 재 촬영
하고자 할 때 터치합니다.
③ [편집] 추가 어플을 통해
동영상을 편집할 수 있습니다.
④ [저장] 사용자 갤러리에
저장할 수 있습니다.
⑤ [사운드] 촬영 시 녹음된 소리를
제거할 수 있습니다

카카오톡이나 다른 사이트로
공유할 수 있습니다.

스마트폰 용어 정리

URL(Uniform resources locator)

네트워크 상에서 자원이 어디 있는지를 알려주기 위한 규약이다.

흔히 웹 사이트 주소로 알고 있지만, URL은 웹 사이트 주소뿐만 아니라 컴퓨터 네트워크상의 자원
을 모두 나타낼 수 있다.

그 주소에 접속하려면 해당 URL에 맞는 프로토콜을 알아야 하고, 그와 동일한 프로토콜로 접속해야
한다.

링크(Link)

컴퓨터상에서 어떤 대상에의 연결이나 그와 연관한 복사본을 가리킨다.

카드뉴스 만들기

 글그램

 다운로드하기 Google Play

QR-CODE를 스캔하시면
[글그램] 활용법에 대한
자세한 영상을 보실 수 있습니다.

[글그램] 앱(App)은 자신의 마음을 담은 카드뉴스를 만들 수 있습니다!

[글그램] 앱(App)의 장점

▶ 글쓰기에 어울리는 66가지 카테고리의 배경을 제공합니다.
▶ 글쓰기에 어울리는 다양한 무료 한글 글꼴을 제공합니다.
▶ 작성자의 개성을 나타낼 수 있는 다양한 서명기능을 제공합니다.
▶ 카드뉴스에 다양한 스타일의 날짜입력기능을 제공합니다.

사용자별 [글그램] 앱 활용

▶ 비즈니스맨 : 회사 소개, 행사 및 제품 관련정보를 가독성이 높은 카드뉴스로 만들어 홍보 할 수 있습니다.
▶ 일반인 : 감성글, 사랑글, 안부인사 등 다양한 사진 테마를 활용하여 카드뉴스를 만들어 주변인들과 감성
        소통을 할 수 있습니다.
▶ 가족 및 친지 : 감성과 사랑을 담아 마음을 전하거나, 마주보며 하기 어려운 대화나 감정의 표현을 카드
        뉴스에 담아 표현 할 수 있어 상호간의 소통이 원활해지고 친밀감이 돈독해 집니다.

CHECK 리스트

[Play스토어]에서 [글그램]을
검색하여 설치합니다.

[글그램]을 실행하기 위해
[열기]를 터치합니다.

① [아름다운 배경사진에]
② [컬러 배경에 글쓰기]
③ [내 사진에 글쓰기]를 할 수
   있으며
④ [내가 만든 글그램]을 편집
   하거나 공유할 수 있습니다.

[아름다운 배경사진에]를
터치하여 사진을 위로 밀어
올리며 원하는 배경을 선택할
수 있습니다.

또한, 원하는 테마가 없는
경우에는
① 검색창에 검색어를 입력
   한 후
② [돋보기]를 터치합니다.

① 사진을 위로 밀어 올리며
   원하는 배경 사진을 선택
   하거나, 사진을 작게 보고자
   할 때는
② [썸네일 보기]를 터치합니다.

① 사진을 위로 밀어 올리며
② 원하는 사진을 터치합니다.

① 인스타그램에 최적화 되어있는
　　[1:1] 크기
② 인스타그램 세로사이즈 [4:5]
③ [사용자 지정] 중 원하는 크기를
　　터치합니다.

① 선택한 사진을 확대하거나
② 회전하고자 할 때 선택한 후
③ 중앙부를 좌 / 우로 드래그
　　합니다.
④ 사진을 움직여 원하는 구도를
　　잡은 후, ⑤ [√]를 터치합니다.

[터치하여 글자를 입력하세요]를
터치합니다.

① 입력하고자 하는 글을
　　입력한 후
② [√]를 터치합니다.

글의 스타일을 선택하기
위하여 [스타일]을 터치
합니다.

① [Blur]의 적용여부를 결정하고
② 스타일의 배경색을 선택 한 후
③ 스타일 전체를 보기 위하여
　[모두보기]를 터치합니다.

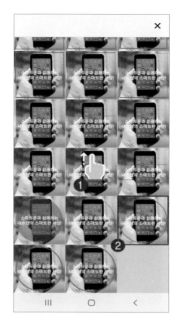

① 스타일을 위로 밀어 올리며
② 원하는 스타일을 터치합니다.

글을 계속 편집하기 위하여
[X]를 터치합니다.

[글꼴 & 크기]를 터치합니다.

적용 가능한 모든 글꼴을 보기
위해 [모두보기]를 터치합니다.

① 화면을 위로 밀어 올리며
　원하는 글꼴을 찾아
② 해당 글꼴을 선택합니다.
③ 적용하고자 하는 글꼴이
　회색으로 되어 있는 경우
　[다운로드]를 터치한 후
　적용합니다.

① 크기 조절점을 드래그하여
　 글씨크기를 조절 한 후
② [X]를 터치합니다.

[글자색 & 정렬]을 터치합니다.

① 왼쪽, 가운데, 오른쪽 중에
　 [가운데 정렬]을 선택하고
② 원하는 [글자색]을 터치
　 합니다.

다음 편집화면으로 가기
위하여 메뉴화면을 왼쪽으로
드래그합니다.

글에 효과를 적용하기 위하여
[글 효과]를 터치합니다.

① 글에 그림자를 적용하기
　 위하여 [반경, 위치, 색상]을
　 적용합니다.
② 다음 효과를 적용하기 위하여
　 화면을 왼쪽으로 드래그합니다

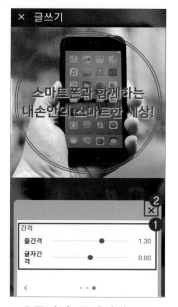

① 글의 투명도와 회전을 설정
하기 위하여 [투명도, 회전]
메뉴의 조절점을 드래그하여
설정합니다.

① [줄간격, 글자간격]의
조절점을 드래그하여 설정합니다.
② 완료하 위하여 [X]를 터치 합니다.

[서명]을 터치합니다.

② 다음 효과를 적용하기 위하여 화면을 왼쪽으로 드래그합니다

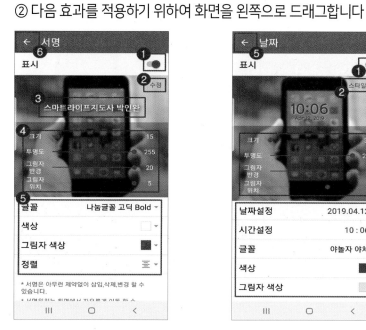

① 터치하여 [표시]를 선택합니다.
②, ③을 터치하여 문구를 수정합니다.
④ [크기, 투명도 , 그림자 반경,
그림자 위치]를 설정하고,
⑤ [글꼴 , 색상, 그림자 색상,
정렬]을 선택합니다.
⑥ [←]를 터치합니다.

① 터치하여 [표시]를 선택합니다.
② [스타일 변경]을 터치하여
스타일을 변경/선택합니다.
③ [크기, 투명도 , 그림자 반경,
그림자 위치]를 설정하고,
④ [날짜설정, 시간설정, 글꼴, 색상, 그림자 색상]을 선택합니다.
⑤ [←]를 터치합니다.

다음 편집화면으로 가기
위하여 메뉴화면을 왼쪽으로
드래그합니다.

[글 스티커]를 터치합니다.

① 글 스티커를 추가하고자
　할 때는 [추가]를 터치합니다.
② 기존에 입력한 글 스티커를
　표시하고자 할 때 터치합니다.

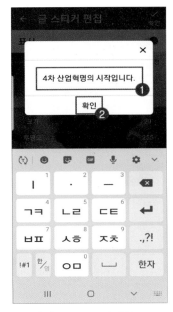

① 원하는 글 스티커를
　입력합니다.
② [확인]을 터치합니다.

① 글 스티커를 수정 하고자
　할 때 터치합니다.
② [크기, 투명도, 그림자 반경,
　그림자 위치]를 설정하고
③ [글꼴, 색상, 그림자 색상,
　정렬]을 선택합니다.
④ [확인]을 터치합니다.

① 글 스티커를 추가하고자
　할 때는 [추가]를 터치합니다.
② 완료하고자 할 때 [←]를
　터치 합니다.

작성한 글그램을 완료하고자
할 때는 [저장]을 터치합니다.

① 글 그램을 삭제하고자 할 때
② 글 그램을 편집하고자 할 때
③ 글 그램을 공유하고자 할 때
　 터치합니다.

① [스마트폰 저장] 외
　 공유하고자 할 때는 해당
　 앱을 터치하고, 추가 앱을
　 보고자 할 때는 [더보기]를
　 터치합니다.
② 글 그램 홈 화면으로 가고자
　 할 때는 홈을 터치합니다

① 썸네일로 글 그램을 보고자
　 할 때 터치합니다.
② 글 그램을 터치하면
　 [편집하기, 공유하기,
　 삭제하기]등을 할 수있습
　 니다.

스마트폰 용어 정리

단축URL(Shortening URL)
월드 와이드 웹 상의 긴 URL을 짧게 만들어 주는 기술이다.

폴더블폰(Folderble phone)
접히는 디스플레이를 탑재한 스마트폰으로 평소에는 접어서 스마트폰으로 사용하다가 펼치면 태블릿으로 활용할 수 있다.
2019년에 삼성을 포함해서 여러 형태의 폴더블폰이 출시되고 있다.

 **글씨팡팡**

QR-CODE를 스캔하시면
[글씨팡팡] 활용법에 대한
자세한 영상을 보실 수 있습니다.

[글씨팡팡] 앱(App)은 자신의 마음을 담을 수 있는 다양한 카드뉴스를 만들 수 있습니다!

[글씨팡팡] 앱(App)의 장점

▶ 글쓰기에 적용 할 수 있는 재미있고 다양한 효과를 제공합니다.
▶ 동영상에 글을 쓸 수 있는 기능을 제공합니다.
▶ 다양한 폰트를 추가할 수가 있습니다.
▶ 사용법이 쉽고 간단합니다.

사용자별 [글씨팡팡] 앱 활용

▶ 비즈니스맨 : 회사 소개, 행사 및 제품 관련정보를 가독성이 높은 카드뉴스로 만들어 홍보 할 수 있습니다.
▶ 일반인 : 감성글, 사랑글, 안부인사 등 다양한 사진 테마를 활용하여 카드뉴스를 만들어 주변인들과 감성
　　　　　소통을 할 수 있습니다.
▶ 감성과 사랑을 담아 마음을 전하거나, 마주보며 하기 어려운 대화나 감정의 표현을 카드뉴스에 담아 표현
　　할 수 있어 상호간의 소통이 원활해지고 친밀감이 돈독해 집니다.

MEMO
....
....
....
....
....

[Play스토어]에서
[글씨팡팡]을 검색하여
설치합니다.

[글씨팡팡]을 실행하기 위해
[열기]를 터치합니다.

① [메시지 만들기],
② [사진에 글쓰기],
③ [영상에 글쓰기]를 할 수
　있으며
④ [도움말]을 참고 할 수
　있습니다.

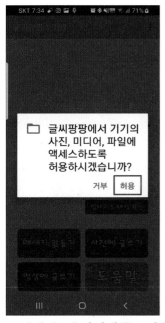

교재에서는 [사진에 글쓰기]를
합니다.
글씨팡팡이 기기를 액세스하
도록 [허용]을 터치합니다.

① 제목이 필요한 경우는
　입력하고
② [시작]을 터치합니다.

원하는 사진을 가져오기 위하여
[갤러리]를 터치합니다.

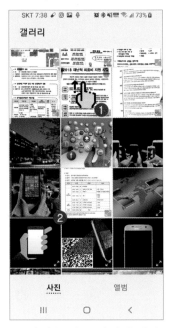

① 사진을 위로 밀어 올리며
② 원하는 사진을 터치합니다.

[자르기]를 터치하여
[자유, 1:1, 4:3, 16:9]에서
원하는 크기를 선택합니다.

① 펜을 터치하여
② 입력하고자 하는 내용을
   입력합니다.

① 입력한 글상자를 삭제합니다.
② 글상자를 회전시킬 수 있습니다.
③ 글 내용을 수정할 수 있습니다.
④ 글씨 및 글상자 크기를 조절 할
   수 있습니다.
⑤ [글씨크기]를 선택하여,
⑥ [모두선택]을 체크하고 글씨 크기를 설정합니다.

① 위, 아래화살표를 터치하여
   글상자를 선택합니다.
② 화면을 왼쪽으로 드래그하여
③ 글씨 편집 메뉴와 내용을 설정
   합니다.

① [외곽선]을 선택하여
② [검정색]을 체크하고
③ 외곽선의 굵기, 투명도를
   각각 선택 한 후
④ 조절점을 드래그하여 설정
   합니다.

① [애니메이션]을 선택하여
② [블링블링]등 하부 메뉴를
　 체크하고
③ 조절점을 드래그하여 값을
　 설정합니다.

① 글씨 추가 입력이 필요한 경우
　 [입력펜]을 선택하여
② 원하는 내용을 입력합니다.

① [배경]을 선택하여
② [회색]을 체크 한 후
③ 조절점을 드래그하여
　 투명도를 설정합니다.

① 편집이 완료된 경우 [저장]을
　 터치합니다.
② 화살표를 터치하여 해상도를
　 선택하고
③ [저장]을 터치합니다.

① 카드뉴스를 공유하기 위해서
　 메뉴를 왼쪽으로 드래그하여
　 원하는 공유앱을 선택하거나,
② 더 많은 공유앱이 필요한 경우,
　 공유아이콘을 터치합니다.

화면을 위로 밀어 올리며,
원하는 공유앱을 터치하여
카드뉴스를 공유합니다.

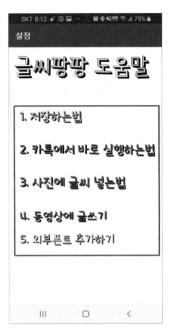

도움말을 활용하여 위와 같이
5가지 항목에 대한 활용법을
배울 수 있습니다.

글씨팡팡으로 카드뉴스를
제작 할 경우, 두 번 저장하여야
함을 알 수 있습니다.

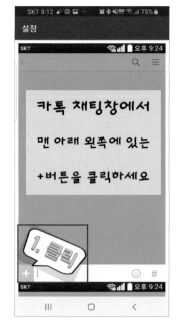

카카오톡 채팅창에서 글씨
팡팡을 바로 살행 할 수 있는
방법을 배울 수 있습니다.

사진에 글씨를 넣는 방법을
배울 수 있습니다.

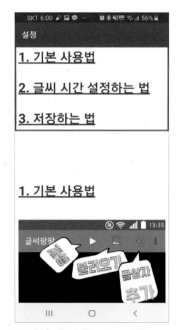

동영상에 글을 쓰는 법을
배울 수 있습니다.

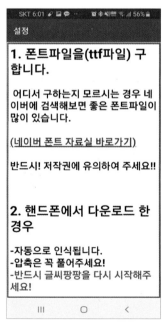

외부에서 다양한 폰트를
구하여 추가하는 방법을 배울 수
있습니다.

17 SECTION | 이미지 합성 앱 활용하기

 포토퍼니아

QR-CODE를 스캔하시면
[포토퍼니아] 활용법에 대한
자세한 영상을 보실 수 있습니다.

[포토퍼니아] 앱(App)은 다양한 효과를 선택하여 원하는 사진으로 합성할 수 있습니다!

[포토퍼니아] 앱(App)의 장점

▶ 600여개의 이미지 합성 템플릿을 무료로 사용할 있습니다.

▶ PC버전에서도 손쉽게 이미지를 합성할 수 있습니다.

▶ 한국어 텍스트도 입력이 되어 자신만의 멋진 카드뉴스를 만들 수 있습니다.

▶ 이미지 합성뿐만 아니라 움직이는 GIF파일도 결과물로 만들어 낼 수 있습니다

[효과 적용 전 사진]

[효과 적용 후 사진]

[포토퍼니아]
카테고리 메뉴에서
[스케치] 효과를
적용하면
만들어지는
이미지입니다.

CHECK 리스트

① [Play스토어]에서
　[포토퍼니아] 검색 후
　설치를 합니다.
② [열기]를 터치합니다.

포토퍼니아의 첫 화면입니다.
좌측 상단에 위치한 가이드
메뉴 중 [카테고리]를
터치합니다.

카테고리 화면을 위로 드래그
하여 [사진]을 터치합니다.

사진 효과 중
[Old Camera]를 적용 시켜
보겠습니다.

하단에 위치한
[CHOOSE PHOTO]를
터치합니다.

[Choose existing photo]를
선택하여 갤러리에 있는 사진을
가져 옵니다.

갤러리에 있는 사진을 찾아 보기
위해 좌측 상단에 있는 [삼선]
아이콘을 터치합니다.

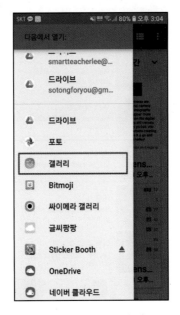

화면을 위로 드래그하여
[갤러리]를 터치합니다.

사용자 갤러리에서 합성할
사진을 가져온 후 프레임에
맞게 조절해 줍니다.
[OK]를 터치합니다.

합성하고자 하는 사진이 ①에
첨부 되었는지 확인 합니다.
② [OK]를 터치합니다.

이미지 합성이 진행중인 화면
입니다.

사진 합성이 완료된 화면입니다.
① 저장할 이미지의 사이즈를
   선택 할 수 있습니다.
②를 터치하여 갤러리에 저장
   할 수 있습니다.
③ 현재 이미지를 다른 사이트로
   공유할 수 있습니다.

다음은 합성이 아니라 사진에
효과를 주는 기능입니다.
① [CATEGORIES] 메뉴에서
　화면을 위로 드래그하여
② [그림]을 터치합니다

그림 메뉴에서 [스케치]를
터치합니다.

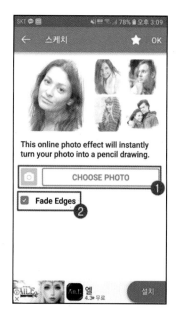

① 앞에서 설명한 같은 방법으로
　사진을 가져옵니다.
② 스케치 기능에는
　[Fade Edges]라는 기능을
　적용할 수도 있습니다.

[Fade Edges] 기능을
적용하지 않은 효과 사진입니다.

[Fade Edges] 기능을 적용한
사진으로 테두리의 변화를
보실 수 있습니다.

다음은 사진 합성과 함께 문구를
넣는 효과입니다.
① [CATEGORIES] 메뉴에서
　화면을 위로 드래그하여
② [기타]를 터치합니다.

기타 메뉴에서 [뉴스속보]를
선택합니다.

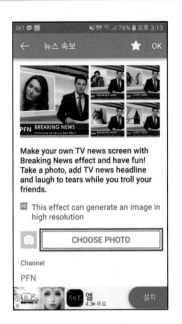

[CHOOSE PHOTO]를 터치하여
합성하고 싶은 사진을 가져온 후
화면을 위로 드래그 합니다.

하단 타이틀에 필요한 문구를
넣어 뉴스 자막을 만들 수
있습니다.

사진 합성과 동시에 뉴스 자막까
지 기록된 완성 이미지입니다

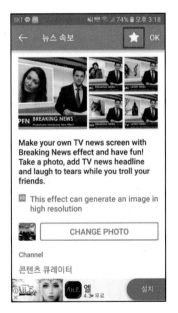

★표는 마음에 드는 효과를 즐겨
찾기로 등록하는 아이콘입니다.

★표 아이콘을 터치하여
즐겨 찾기에 등록한 효과는
[FAVORITES]
메뉴에서 확인 할 수 있습니다.

🖥 PC에서 포토퍼니아 이용하기

① 인터넷 주소 창에 [PhotoFunia.com]을 입력하여 검색합니다.
② 포토퍼니아 첫 화면에 다양한 카테고리가 보여집니다.

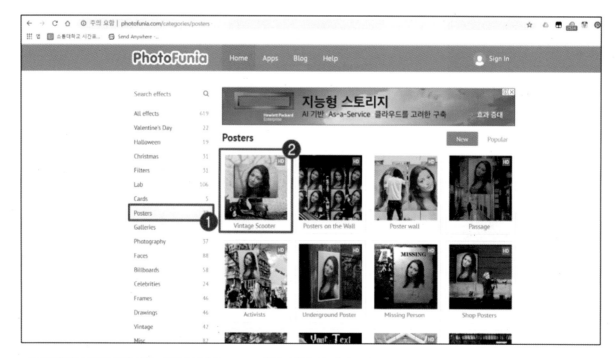

① 다양한 카테고리 메뉴 중에서 [Posters]를 선택 합니다.
② 다양한 효과 중 원하는 효과를 선택 합니다.

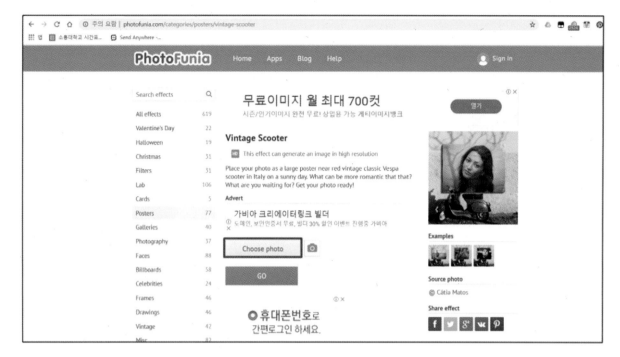

사용자가 고른 효과에 합성 하고 싶은 사진을 가져오기 위해 **[Choose photo]**를 클릭 합니다.

① **[Upload from PC]**를 클릭하여 사진 폴더를 열기합니다.
② 합성하고 싶은 사진을 찾아 클릭합니다.
③ **[열기]**를 클릭합니다.

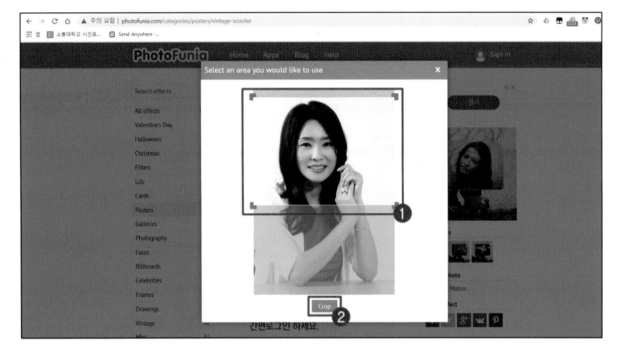

① 불러온 사진을 화면에 맞게 조정 합니다.
② [Crop]을 클릭하여 완료 합니다.

① 사진이 제대로 첨부 되었는지 확인합니다.
② [GO]를 클릭하여 합성을 진행 시킵니다.

합성된 화면입니다. 완성된 사진을 저장하기 위해 ① [Download]를 클릭 합니다.
② 원하는 폴더에 저장할 수 있습니다.

MEMO

 **Pixiz**

QR-CODE를 스캔하시면
[Pixiz] 활용법에 대한
자세한 영상을 보실 수 있습니다.

[Pixiz] 앱(App)은 다양한 효과로 멋진 사진을 합성할 수 있습니다!

[Pixiz] 앱(App)의 장점

▶ 500,000개 이상의 프레임과 다양한 효과로 멋진 합성사진을 만들수 있습니다.

▶ 움직이는 GIF 합성사진이 많아 다이내믹한 사진을 만들 수 있습니다.

▶ 편집하기가 쉽고 검색어가 분야별로 정리되어 있어 필요한 사진들을 찾기가 쉽습니다.

[효과 적용 전 사진]

[효과 적용 후 사진]

[Pixiz] 가이드
메뉴에서
[Animated
cherry blossom]
효과를 적용하면
적용되는
이미지입니다.

lee jung hwa

[Play스토어]에서 [Pixiz]
검색 후 설치를 합니다.
설치가 완료된 후 [열기]를
터치합니다.

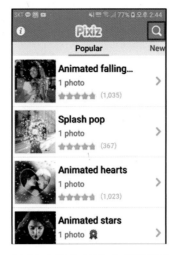

첫 화면 우측상단에 [검색]
아이콘을 터치합니다.

[검색] 아이콘을 터치한
화면입니다. 예시로 보여지는
화면에서 만들고 싶은
키워드를 선택하여 검색 할
수 있으며 [Search] 칸에
내가 원하는 키워드로 검색
할 수도 있습니다.

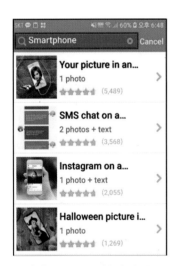

[검색] 아이콘 화면에서
[Smartphone] 키워드로
검색한 화면입니다.
사용자가 원하는 키워드로
합성하고 싶은 템플릿을
찾을 수 있습니다.

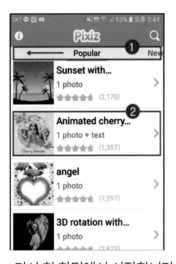

다시 첫 화면에서 시작합니다.
① 카테고리 화면을 좌측으로
　　드래그하면 Popular(인기)
　　New(새로운) Favorites
　　(즐겨찾기) Filters(필터) 메뉴를
　　보실 수 있습니다.
　　메뉴 중 Popular(인기) 카테고리에서
② [Animated cherry blossom]을
　　선택하여 편집해 보겠습니다.

Animated cherry blossom
템플릿을 선택한 화면입니다.
합성할 사진을 가져오기 위해
[Choose photo]를 터치
합니다.

사용자 갤러리에 있는 사진을
가져오기위해
[Photo gallery]를 터치
합니다.

사진은 최근 사진 순서대로
보여지며 전체 사진을 보기 위해
죄측 상단에 [≡] 아이콘을
터치합니다.

삼선을 터치한 화면으로 위로
드래그하여 [갤러리]를 터치
하여 원하는 사진을 가져옵니다.

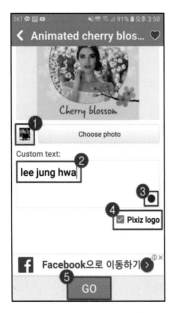

① 선택한 사진이 맞는지 확인후
② 사진에 들어갈 문구를 적습니다.
③ 글씨의 색상을 바꿀 수 있습니다.
④ 로고를 원치 않으면 [(v)]를 터치
　하여 지울 수 있습니다.
⑤ [GO]를 눌러 합성을 시작합니다.

사용자 사진으로 합성이 완성된
작품입니다.
완성된 작품을 저장하고 싶다면
완성된 화면 아무곳 이나 터치
합니다.

① 사용자 갤러리로 저장됩니다.
② 페이스북으로 공유할 수
　있습니다.
③ 이메일이나 인스타그램 등
　다른 사이트로 공유할 수
　있습니다.

18 | 나만의 캐리커쳐 만들기
SECTION

 Mirror AI

QR-CODE를 스캔하시면
[Mirror AI] 활용법에 대한
자세한 영상을 보실 수 있습니다.

[Mirror AI] 앱(App)은 재미난 이모티콘을 만들 수 있습니다!

[Mirror AI] 앱(App)의 장점

▶ 나만의 특별하고 개인적인 이모티콘을 만들 수 있습니다.
▶ 모든 상황에 어울리는 다양한 컨텐츠 활용 할 수 있습니다.
▶ 텍스트를 편집 할 수 있으며 움직이는 이모티콘까지 만들 수 있습니다.

[효과 적용 전 사진]

[Mirror AI]
테마 카테고리
메뉴에서
[헤어, 눈, 피부, 의상]
효과를 적용하면
완성되는 이미지입니다.

[효과 적용 후 사진]

CHECK 리스트

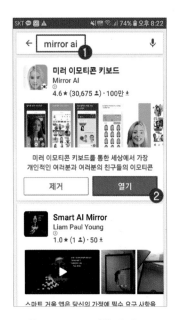

① [Play스토어]에서
　[Mirror ai] 검색 후
　설치를 합니다.
② [열기]를 터치합니다.

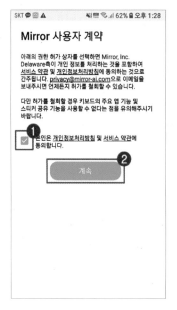

① 개인정보처리방침 및 서비스
　약관에 체크합니다.
② [계속]을 터치하여 다음
　화면으로 이동합니다.

다음 작업을 위해 [허용]을
터치합니다.

① 이모티콘을 만들기 위해 사용자
　갤러리에서 사진을 가져와서
　만들 수도 있으며
② 직접 촬영을 할 수도 있습니다.

① 촬영한 기본 이모티콘입니다.
② 카테고리 메뉴를 이동하면서
　헤어부터 의상까지 사용자
　취향대로 꾸며줍니다.
③ [스티커 받기]를 터치합니다.

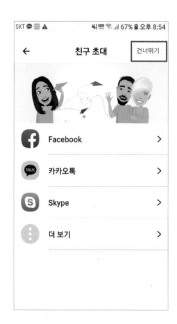

친구 초대 화면입니다.
초대 상관없이 [건너뛰기]
하셔도 됩니다.

Mirror 키보드를 설치하는
화면입니다.
설치없이 [건너뛰기]하셔도
됩니다.

① Mirror의 홈 화면으로 다양한
스티커가 보여집니다.
② 주제별로 카테고리가 나뉘어져
있어서 상황에 맞는 스티커를 찾아
볼 수 있습니다.

홈 화면 하단에 [친구]
아이콘을 터치합니다.

사용자의 연락처를 불러
올 수 있도록
[허용]을 터치합니다

주소록에 사진이 있는 경우
자동으로 친구 스티커가
만들어집니다.
사용자와 함께 듀엣 스티커를
만들고 싶다면 원하는 친구의
[추가] 버튼을 터치합니다.

추가한 친구의 사진을 터치
합니다.

듀엣 스티커가 생성이 되었
습니다.
원하는 스티커를 터치합니다.

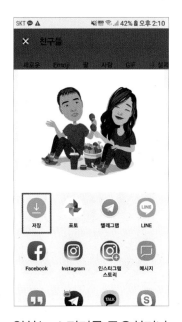

원하는 스티커를 공유하거나
사용자 갤러리에 [저장]할 수
있습니다.

① 내 스티커를 새로 편집 할 수
   있습니다.
② 텍스트 스티커를 만들 수
   있습니다.
   터치하여 다음 화면으로
   이동합니다.

① 원하는 스티커를 선택합니다.
② 스티커의 얼굴 표정을 골라
   교체할 수 있습니다.
③ 스티커에 텍스트를 사용자가
   편집 할 수 있습니다.

① 스티커와 얼굴 표정 텍스트까지
   편집한 스티커입니다.
② [공유]를 터치합니다.

완성된 스티커를 다양한
곳에 공유할 수 있고
[저장]을 터치하면 갤러리에
저장됩니다.

 **모멘트캠**

QR-CODE를 스캔하시면
[모멘트캠] 활용법에 대한
자세한 영상을 보실 수 있습니다.

[모멘트캠] 앱(App)은 재미난 캐리커쳐를 만들 수 있습니다!

[모멘트캠] 앱(App)의 장점

▶ 사진 한 장으로 순식간에 만화 캐리커쳐랑 움직이는 애니메이션 이모티콘으로 만들 수 있습니다.
▶ 자신의 감정을 웃음, 윙크같은 재미있는 제스쳐 등으로 재 표현할 수 있습니다

[효과 적용 전 사진]

[효과 적용 후 사진]

[모멘트캠]
테마 카테고리
메뉴에서
[최신] 효과를
적용하면 적용되는
이미지입니다.

MEMO

① [Play스토어]에서
　[모멘트캠]검색 후 설치를
　합니다.
② [열기]를 터치합니다.

우측 상단의 [x] 표를 눌러
다음 화면으로 이동합니다.

모멘트캠의 첫 화면입니다.
[캐리커쳐]를 터치합니다.

캐리커쳐를 만들기 위해 사진
촬영하는 법을 설명합니다.
하단에 [스킵]를 터치하여
다음 화면으로 이동합니다.

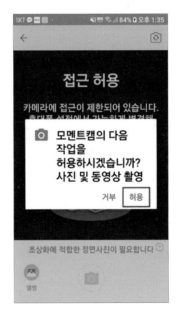

접근 권한 허용을 위해
[허용]을 두 번 터치합니다.

① 녹색 얼굴 선에 사용자
　얼굴이 정면으로 들어
　가도록 맞추어 줍니다.
② 카메라 아이콘을 터치하여
　촬영을 합니다. (안경 착용
　자는 가급적 안경을 벗고
　촬영하기를 추천합니다.)

① 눈과 입의 위치가 중앙에 잘
　맞는지 확인 합니다.
② 사용자의 성별을 선택합니다.

① 사용자의 연령을 선택합니다.
② 연령 선택과 동시에 캐리커쳐를
　시작합니다.

① 헤어스타일 카테고리에서
　사용자 맘에 드는 헤어스타일을
　선택합니다.
② 헤어 컬러를 바꿀 수 있습니다.
③ 선택한 헤어의 크기를 조절 할
　수 있습니다.
④ 헤어 모양을 좌우로 전환 할
　수 있습니다.

① 얼굴형 카테고리를 좌우로
　이동하여 사용자의 얼굴에
　맞는 얼굴형을 선택합니다.
② 얼굴형 크기를 조절할 수
　있습니다.

피부톤 카테고리에서 사용자
에게 맞는 피부톤을 고를 수
있습니다.

① 안경을 비롯하여 수염 등
　다양한 악세서리를 선택할
　수 있습니다.
② [확인]을 터치하여 진행
　합니다.

[테마] 카테고리를 좌우로
이동하여 사용자 마음에 드는
캐리커쳐를 고를 수 있습니다

①을 터치합니다.
②와 같은 필터화면으로 다수의
화면말고 단독 테마가 필요할
때만 사용합니다.

① 사용자 외에 추가하고 싶은
   캐릭터를 터치합니다.
② 바꾸고 싶은 캐릭터를 고를
   수 있습니다.
③ 새로운 캐릭터를 만들 때
   터치하여 만들 수 있습니다.
④ 불필요한 캐릭터는 삭제
   할 수 있습니다.

① [얼굴편집]을 터치하여 다른
   버전으로 편집할 수 있습니다.
② 새롭게 다시 촬영 하고 싶을
   때 터치합니다

① 다시 촬영 할 수 있습니다.
② 사용자 갤러리에 있는 사진을
   가져와 캐리커쳐를 만들 수도
   있습니다

[디자인]을 터치하여 더
다양하고 멋진 캐리커쳐를
만들 수 있습니다.

사용자가 만든 캐리커쳐에
디자인을 더하는 과정입니다.
① 다양한 스티커를 첨부 할 수
　있습니다.
② 사용자가 원하는 문구를
　첨부 할 수 있습니다.
③ GIF 필터 효과까지 첨부
　할 수 있습니다

① 30초 짜리 광고 영상을
　끝까지 보시면 로고를
　삭제 할 수 있습니다.
② 카메라 아이콘을 터치하여
　사용자가 촬영한 화면에
　사용자가 만든 캐리커쳐를
　합성할 수 있습니다.

캐리커쳐 크기를 화면에 맞게
조정한 후
① 카메라 아이콘을 터치하여
　촬영한 사진을 배경으로
　사용 할 수 있습니다.
② 사용자 갤러리에 있는
　사진을 배경으로 가져올
　수도 있습니다.

① 원하는 필터를 적용 할 수
　있습니다.
② 사용자가 원하는 디자인
　편집이 끝났으면 [OK]를
　터치합니다

디자인이 완성된 화면입니다.
오른쪽 상단의 [공유] 버튼을
터치하여 사용자 갤러리에 저장
합니다.

완성된 작품을 다른 사이트로
공유 할 수 있습니다.

감동 스토리 영상편지 만들기

 Scoompa 비디오

QR-CODE를 스캔하시면 **[Scoompa 비디오]** 활용법에 대한 자세한 영상을 보실 수 있습니다.

[Scoompa 비디오]를 이용하여 동영상 비디오를 제작할 수 있습니다.

[Scoompa 비디오] 앱(App) 사용법

▶ Scoompa 비디오는 사진으로 동영상 비디오를 제작합니다.

▶ 정말 사용하기 쉬우면서도 강력하고 사용자가 자유롭게 설정할 수 있습니다.

▶ 언제든지 비디오를 편집할 수 있습니다.

[Scoompa 비디오] 앱(App)으로 영상편지 만들기

▶ [Scoompa 비디오] 앱(App)을 실행합니다.

▶ 사진을 선택하고, 영상메시지를 입력합니다.

▶ 음악을 선택하여 편집하고, 전체적인 시간을 조절합니다.

▶ 다양한 효과를 넣은 후, 동영상을 제작합니다.

ⒸⒽⒺⒸⓀ 리스트

① [Play스토어]에서
[Scoompa] 검색 후
[설치]를 터치합니다.

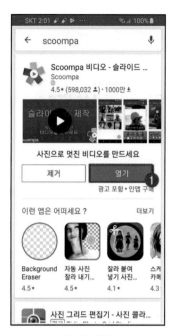

① 설치가 완료되면
[열기]를 터치합니다.

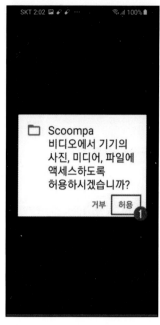

① [Scoompa 비디오]가
스마트폰 사진에 액세스
하도록 [허용] 합니다.

① 스마트폰 홈화면에서
[Scoompa 비디오]를
터치합니다.

① 우측 하단 [+]를 터치합니다.

① [비디오 및 사진]을
선택하는 화면입니다.

① 작업창에 [선택한 사진]이
  나타납니다.
② [V] 저장을 터치합니다.

① [작업 메뉴]가 나타납니다.
  화면전환, 음악편집,
  음성녹음, 화면효과,
  시간설정 입니다.

① [작업 메뉴]가 나타납니다.
  사진추가, 화면배율,
  기타효과, 잠금, 콜라주
  입니다.

① 메뉴에서 [화면전환]을
  터치합니다. 다양한 종류의
  슬라이드 화면전환을
  선택할 수 있습니다

① 메뉴에서 [화면전환]을
  터치합니다. 다양한 종류의
  슬라이드 화면전환을
  선택할 수 있습니다

① 화면전환에서 [별]을
  선택하면, 슬라이드
  위에 표시됩니다.

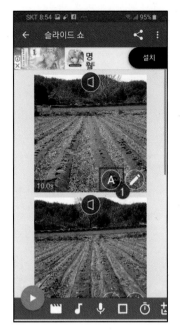

① 슬라이드 위에 [A]를
   터치합니다.
   사진위에 글쓰기를 할 수
   있습니다.

① [글자]를 입력하고, 저장합니다.
② 글자 나타나기 효과를 선택합니다.
③ 저장을 선택하여 [글자에 대한
   설정]을 저장합니다.

① 슬라이드위에 표시되는
   [글자]입니다.
   슬라이드 마다 글자를
   입력할 수 있습니다.

① [마술봉 아이콘]을
   터치합니다. 다양한 효과를
   설정할 수 있습니다.

① [스티커]를 선택합니다.
   이미지 스티커를 터치하여
   [하트]를 선택합니다.

① 슬라이드 위에 표시되는
   [이미지 스티커]를
   확인합니다.

① 메뉴화면에서 [음악]을
터치합니다.

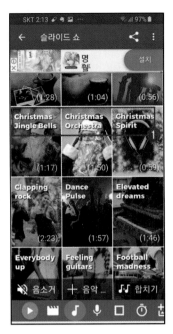

① [Scoompa 비디오]에서
제공하는 음악입니다.

① 스마트폰 [내 음악]에서
선택하고, 터치합니다.

① 스마트폰의 내음악
[엄마야 누나야]를 선택하고,
② 저장합니다.

① 메뉴화면에서 [음성녹음]을
터치합니다.

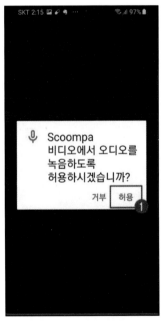

① [Scoompa 비디오]에서
음성녹음을 [허용]합니다.

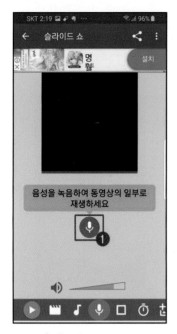

① [마이크]를 터치하여
녹음합니다.

① [배경화면]을 터치합니다.
슬라이드 전체에 효과를
설정합니다.

① 배경화면 중 [눈]을
선택하고, 터치합니다.

① 슬라이드 전체에 눈 내리는
화면이 설정됩니다.

① 메뉴화면에서 [시계]를
터치합니다.

① [슬라이드쇼]의 전체
시간을 설정합니다. PRO
사용자만이 동영상을 1분
30초이상 렌더링 할 수
있습니다.

① 메뉴화면에서 **[사진추가]**를
터치합니다.

① **[비디오 및 선택]** 화면에서
사진을 선택하여 슬라이드
작업중에 추가할 수 있습니다.

① 메뉴화면에서 **[화면배율]**를
선택하고, 터치합니다.

① 유튜브 동영상크기인
[16 : 9]를 선택하고,
터치합니다.

① 메뉴화면에서 **[기타효과]**를
터치합니다.

① **[기타효과]**로
슬라이드 정렬이 있습니다.

① 사진 오래된 순으로
  터치하고 [확인]합니다.

① 메뉴화면에서 [유료]를
  터치합니다.

① 추가기능을 사용하기
  위하여
  [PRO 구입]하는 창입니다.
  [나중에]를 터치합니다.

① 메뉴화면에서 [콜라주]를
  터치합니다.

① 사진 콜라주 제작 앱을
  설치하여 , 콜라주 작품을
  제작할 수 있습니다.

① 슬라이드 설정이 끝나면,
  우측 상단 [점 3개]를 터치
  하여 동영상을 생성합니다.

① [갤러리에 저장]을
터치합니다.

① 슬라이드 쇼
[비디오 파일 생성 중]
입니다.

① [비디오 생성]이 완료
되면 갤러리에 저장을
터치합니다.

① [내파일-내장메모리-
Movies-Scoompa 비디오]
에서 최근동영상으로 확인합니다.

① [유튜브]에 공유합니다.

 **멸치**

QR-CODE를 스캔하시면
[멸치] 앱(App)활용법에
대한 자세한 영상을 보실 수
있습니다.

[멸치] 앱를 이용하여 다이내믹하고 임팩트한 영상을 제작할 수 있습니다.

[멸치] 앱(App) 사용법

▶ 멸치는 쉽고 빠르게 영상제작, 기념일/행사 영상 만들기 등을 할 수 있는 영상(사진)제작 전문 앱입니다.

▶ 간단히 버튼 몇 번 누르는 것만으로 전문업체에서 수준의 기념일/행사 영상을 쉽게 제작할 수 있습니다.

▶ 주요영상 카테고리는 초대장, 연애, S N S, 광고 등 총 348개의 템플릿이 있습니다.

▶ 주로 광고영상 제작에 많이 활용합니다.

[멸치] 앱(App)으로 영상메시지 만들기

▶ 영상메시지 템플릿을 선택합니다.

▶ 텍스트와 사진 이미지를 준비합니다.

▶ 템플릿 순서대로 텍스트와 사진 이미지를 입력하여 영상메시지를 제작합니다.

① **[Play스토어]**에서
[멸치] 검색 후
[설치]를 터치합니다.

① 설치가 완료되면
[열기]를 터치합니다.

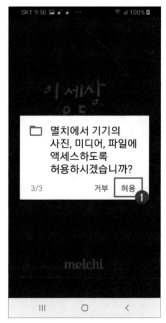

① 멸치에서 기기의 사진을
액세스 하도록 **[허용]**
합니다.

① [**멸치**] 앱 초기화면 입니다.

① [**멸치**]에는 영상을 만드는
템플릿이 348개 있습니다.
템플릿 숫자는 수시로 변경
됩니다.

① 연애 22개, SNS 261개,
광고 33개, 초대장 32개,
총 348개 템플릿이 있습
니다.

① [**깔끔한 포토 투명 명함**]
만들기를 터치합니다.

① 사진 1개와 문구 4개가
필요합니다.
사진과 문구를 준비합니다.

① [**깔끔한 포토 투명 명함**]
만들기 이용 방법입니다.

① 준비한 사항을 순서대로
　입력한 후,
　[완료]를 터치합니다.

① [한번 만들어볼까요?]
　[확인]을 터치합니다.

① [곧 이미지가 제작됩니다]
　[확인]을 터치합니다.

① 내 보관함의 [제작중]
　화면이며, 예상완료시간이
　나타납니다.

① 영상제작이 완료되면
　[보관함]을 터치합니다.

① 제작이 완료된 이미지를
　스마트폰에 다운로드 합니다.
② [공유]를 터치합니다.

① **[카카오톡 등 SNS]**에
공유합니다.

MEMO

 **슬라이드메시지**

QR-CODE를 스캔하시면
[슬라이드메시지] 활용법에
대한 자세한 영상을 보실 수
있습니다.

[슬라이드메시지]를 이용하여 영상편지를 제작할 수 있습니다.

[슬라이드메시지] 앱(APP) 사용법

▶ 슬라이드메시지는 영상에 편지와 자막을 삽입하여 감동의 영상편지를 쉽게 만들 수 있습니다.

▶ 슬라이드메시지는 명절인사, 기념일편지, 감사인사 등 주변에 나만의 편지를 보낼 수 있습니다.

▶ 슬라이드메시지는 앱 워터마크를 삽입하지 않아 나만의 영상으로 소장할 수 있습니다.

▶ 무료 배경음악, 다양한 글꼴과 효과를 지원, 스티커를 삽입할 수 있습니다.

[슬라이드메시지] 앱(App)으로 영상편지 만들기

▶ 슬라이드메시지 앱(App)을 실행하고, 사진 이미지를 선택합니다.

▶ 편지를 입력하고, 시간을 조정합니다.

▶ 음악을 편집하고, 자막을 입력합니다.

▶ 다양한 효과를 입력하고 동영상을 제작합니다.

① [Play스토어]에서
[슬라이드메시지] 검색 후
[설치]를 터치합니다.

① 설치가 완료되면
[슬라이드메시지] 열기를
터치합니다.

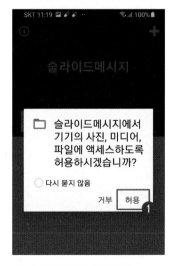

① 슬라이드메시지에서
스마트폰의 사진에
액세스 하도록
[허용]을 터치합니다.

① 스마트폰에
　　[슬라이드메시지] 앱이
　　설치되었습니다.

① 홈화면에서
　　[슬라이드메시지]를
　　터치합니다.

① 슬라이드 메시지
　　처음화면에서 [+]를
　　터치합니다.

① 알림을 읽어보고,
　　[확인]을 터치합니다.

① 순서대로 스마트폰의 사진을
　　터치하고,
② 우측 상단 [√]를 터치하여
　　저장합니다.

① 작업창에는 선택한
　　사진 3장과
② 미리보기 창에 [플레이
　　버튼]이 나타납니다.

① 메뉴화면에서 [정렬]을
　 터치합니다.

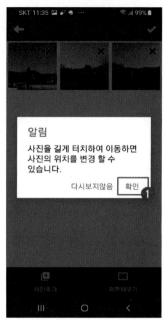

① 알림을 읽어보고,
　 [확인]을 터치합니다.

① [사진추가]를 터치하여,
　 스마트폰의 사진을 추가할
　 수 있습니다.

① 알림을 읽어보고,
　 [확인]을 터치합니다.

① [화면채우기]는 화면 전체를
　 사진으로 채우는 방법입니다.

① [사진맞춤]은 사진 전체가
　 나오도록 사진을 배열합니다.

① 메뉴화면에서 [편지]를
　터치합니다.

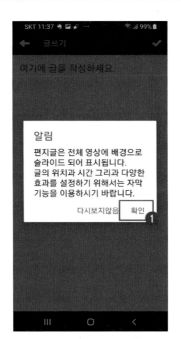

① 알림을 읽어보고, [확인]을
　터치합니다. 편지 글은 전체
　영상에 슬라이드로
　표시됩니다.

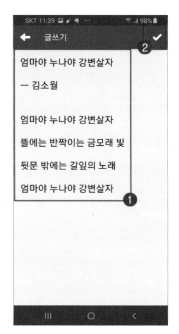

① [편지 글쓰기]에 김소월의
　[엄마야 누나야 강변 살자]를
　입력합니다.
② 우측 상단 [√]를 터치하여
　저장합니다.

① 미리보기 창에
　[영상편지]가 나타납니다.
② [정렬]을 터치합니다.

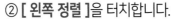

① [편지]의 글자에 대한 정렬
　방식입니다. 왼쪽, 가운데,
　오른쪽이 있습니다.
② [왼쪽 정렬]을 터치합니다.

① [속도설정]을 선택하고,
② 영상편지가 올라가는
　속도에 대하여 설정하고,
　저장을 터치합니다.

① 메뉴화면에서 [음악]을
터치합니다.

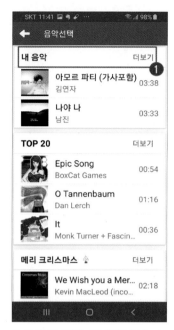

① [음악선택-내음악]에서
[더보기]를 터치합니다.

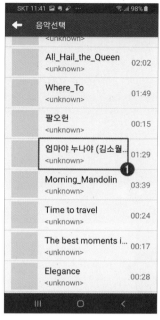

① 스마트폰에 있는 음악
[엄마야 누나야]를
선택합니다.

① [√]를 터치하여 저장합니다.

① 메뉴 화면에서 [시간]을
터치합니다.

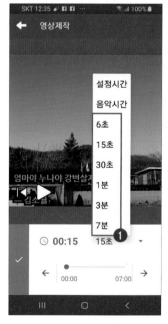

① 영상길이를 설정합니다.
6초에서부터 7분까지
설정할 수 있습니다.

① 30초를 선택하고,
② [√]를 터치합니다.

① 메뉴 화면에서 [자막]을
터치합니다.

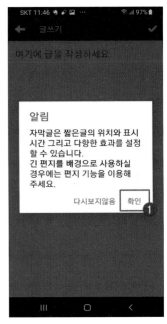

① 알림을 읽어보고
[확인]을 터치합니다.

① 글쓰기 창에
[김정수 행정사 사무장]이라
입력하고,
② [√]를 터치합니다.

① [편집]을 터치하면,
자막 내용을 수정할 수 있습니다.

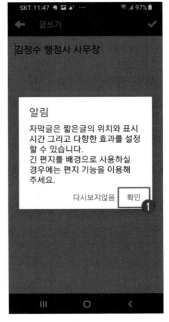

① 알림을 읽어보고,
[확인]을 터치합니다.

① 자막 내용에 대한
[정렬]을 터치합니다.

① [가운데 정렬]을
선택합니다.

① 자막에 대한 [효과]를
터치합니다.

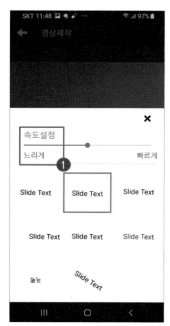

① 자막에 대한 나타나기
효과와 속도 설정이
가능합니다.
[나타나기 효과]를
터치합니다.

① 자막에 대한 폰트설정이
가능합니다.
[폰트]를 터치합니다.

① [배달의 민족 주아체]를
터치합니다.

① 자막 글자에 대한
　　[사이즈]를 터치합니다.

① [글자 크기]를 조정합니다.
② [테두리 두께]를 조정합니다.
③ [√]를 터치합니다.

① 자막 문구에 대한
　　[색상]을 터치합니다.

① [글자 색상]을 선택합니다.
② [테두리 색상]을 선택합니다.
③ [√] 저장을 터치합니다.

① 자막에 대한 모든 설정이
　　끝나면, [√] 저장을
　　터치합니다.

① 영상편지 제작을 위한
　　모든 설정이 끝나면,
　　우측 상단 [√] 저장을
　　터치합니다.

① 영상편지 [동영상]이
생성됩니다.

① 영상생성이 완료되면,
슬라이드메시지에 저장됩니다.
② 영상을 수정할 수 있습니다.
③ 영상을 공유합니다.

① 슬라이드메시지에서
제작한 영상편지를
[유튜브]등에 공유할 수
있습니다.

MEMO

유튜브 1인 크리에이터 앱(App) 활용하기

유튜브 채널 만들기

QR-CODE를 스캔하시면
[유튜브 동영상 업로드]
활용법에 대한 자세한 영상을
보실 수 있습니다.

유튜브 1인 크리에이터 앱 활용하기

[유튜브] 채널만들기

▶ 유튜브에 동영상을 게시하려면 자신의 채널이 있어야 합니다.

▶ 구글에 이메일로 계정을 만들면, 구글 플레이, G메일, 유튜브, 구글드라이브 계정이 동일합니다.

▶ 구글계정으로 로그인 후, 유튜브에서 개인계정을 만듭니다.

▶ 유튜브 계정에서 브랜드계정(채널)을 만듭니다.

▶ 유튜브 브랜드계정을 이용하여 동영상을 업로드합니다.

[유튜브]에 동영상 업로드하기

▶ 스마트폰으로 동영상을 촬영하여, 유튜브에 업로드 할 동영상을 준비합니다.

▶ 유튜브를 실행하여 자신의 채널을 확인한 후, 동영상을 업로드 합니다.

▶ 동영상 길이를 조절할 수 있으며, 음악 선택, 효과 넣기 등 동영상을 편집할 수 있습니다.

▶ 제목, 설명, 공개범위, 위치를 선택하고 업로드하며, 동영상 수정하기에서 태그도 입력합니다.

CHECK 리스트

① 스마트폰 홈화면에서
[유튜브]를 터치합니다.

① **[프로필 아이콘]**을
터치합니다.

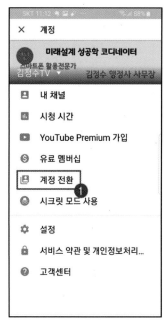

① 계정에서 **[계정전환]**을
터치합니다.

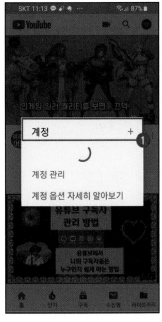

① 계정관리 화면에서
[계정 +]를 터치합니다.

① 구글 로그인 화면에서
[계정만들기]를 터치합니다.

① 구글 계정 만들기 입니다.
[성과 이름]을 입력하고,
② **[다음]**을 터치합니다.

① [생년월일과 성별]을 입력
　하고,
② [다음]을 터치합니다.

① [프로필 아이콘]을
　터치합니다.
② [다음]을 터치합니다.

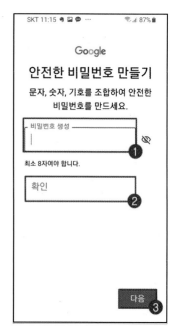

① [8자리 비밀번호]를 만들고
② [비밀번호를 재입력]하여
　확인하고,
③ [다음]을 터치합니다.

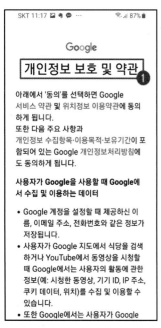

① [개인정보 보호 및 약관]을
　읽어보고, [동의]를 터치
　합니다.

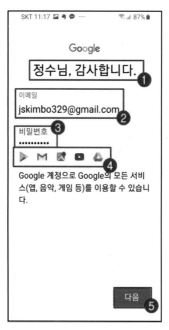

① 구글계정이 만들어졌습니다.
　Gmail 과 ③ 비밀번호를 잘
　보관하시기 바랍니다.
④ 구글계정으로 Gmail, 유튜브
　이용이 가능합니다.
⑤ [다음]을 터치합니다.

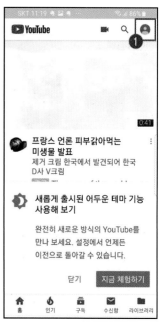

① 유튜브 우측 상단
　[프로필 아이콘]을
　터치합니다.

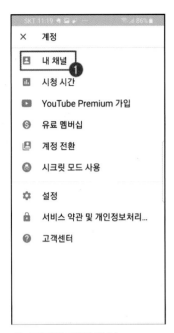

① 프로필 계정에서
   [내 채널]을 터치합니다.

① 동영상을 게시하려면
   유튜브에 채널이 있어야 합니다.
   [채널 만들기]를 터치합니다.

① [유튜브에 김정수]라는
   채널이 생성되었습니다.
   지금부터는 동영상 게시가
   가능합니다.

① 유튜브에 동영상을 게시하는
   방법입니다.
   동영상을 준비한 후
   [유튜브]를 터치합니다.

① [프로필 아이콘]을 확인하고,
② [동영상 게시용 카메라 아이콘]을
   터치합니다.

① 미리 준비한 [동영상]을
   터치합니다.

① 작업창에서 **[조절점]**을
   터치하여 영상길이를 조정
   합니다.
② 음악편집을 위하여
   [음표 아이콘]을 터치합니다.

① 유튜브에서 추천한 음악 중
   하나를 선택하여 미리 듣기
   합니다.
② **[+ , 아이콘]**을 터치하여
   음악을 추가합니다.

① **[필터 아이콘]**을 터치하여,
   다양한 효과를 설정할 수
   있습니다.

① 키워드 위주로 **[제목]**을
   작성하고,
② 문장 위주로 **[설명]**을
   작성합니다.

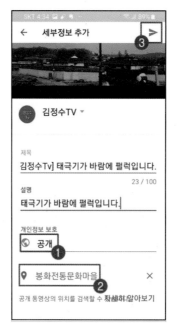

① **[공개]** 여부를 선택하고
② 위치를 체크한 다음
③ 동영상을 **[업로드]**합니다.

① 처리과정과 업로드과정을
   거쳐 **[시청 준비가 완료]**
   되면, 태그 입력을 위하여
   동영상 우측 **[⋮]**을 터치합니[

① [수정]을 터치합니다.

① 동영상 수정 화면에서 [태그]란에 [동영상 검색 키워드]를 입력합니다.

① [태그] 입력 후, 업로드를 터치합니다. 동영상 업로드가 완료되었습니다.

MEMO

 # 유튜브 스튜디오

 QR-CODE를 스캔하시면
**[유튜브 스튜디오에서
맞춤미리보기 수정하기]**
활용법에 대한 자세한 영상을
보실 수 있습니다.

유튜브 1인 크리에이터 앱 활용하기

[유튜브 스튜디오] 앱 사용하는 방법

▶ 대시보드, 댓글, 분석 탭으로 구성되어 있습니다.

▶ 대시보드 탭에서는 구독자 수, 시청 시간, 조회 수, 수익 등을 전체적으로 확인합니다.

▶ 분석 탭에서는 실시간 조회 수 및 실시간 조회 수에 대한 영상별 분석도 가능합니다.

▶ 분석 – 검색 탭에서는 시청자가 내 채널에 어떤 경로를 통해 들어오게 됐는지 알 수 있습니다

[유튜브 스튜디오] 앱에서 썸네일 수정하기

▶ 글씨팡팡이나 글그램으로 썸네일(맞춤미리보기 이미지)을 준비합니다.

▶ 유튜브 스튜디오를 실행하여 썸네일을 변경할 동영상을 터치합니다.

▶ 연필모양 수정아이콘을 터치합니다.

▶ 변경 – 선택 – 저장하고, 썸네일이 수정되었음을 확인합니다.

MEMO

① [Play스토어]에서
[유튜브 스튜디오] 검색 후
[설치]를 터치합니다.

① 앱 설치가 완료되면
[열기]를 합니다.

① [유튜브 계정=채널]을
확인하고, 동영상을
터치합니다.

① 선택한 동영상이 작업창에
나타나면, [수정 아이콘]을
터치합니다.

① [미리보기 이미지 수정]을
터치합니다.

① [맞춤 미리보기 이미지]를
터치하여, 준비한 썸네일로
변경합니다.

① [**맞춤 미리보기 이미지**]가
   변경되었습니다.
② 미리보기 이미지 수정 우측
   상단 [**선택**]을 터치합니다.

① 동영상 수정 [**저장**]을
   터치합니다.

① 동영상의 썸네일(미리
   보기 이미지) 수정이
   완료되었습니다.

MEMO

네이버 쇼핑 / 쿠팡 / 위메프

QR-CODE를 스캔하시면
[쇼핑몰 앱] 활용법에
대한 자세한 영상을 보실 수
있습니다.

[쇼핑몰 앱] 앱(App)은 국내 / 해외 쇼핑몰에서 원하는 상품을 언제든지 쉽게 구매 할 수 있습니다!

[네이버 쇼핑] 앱(App)의 장점

▶ 네이버 로그인이 되어있는 경우, 별도의 로그인 절차가 필요 없어 간편합니다.

▶ 검색엔진과 연동되어 있어 접근이 쉽고, 해외직구 기능을 제공합니다.

[쿠팡] 앱(App)의 장점

▶ 별도의 앱을 설치할 필요가 없는 간편결제서비스를 제공합니다.

▶ 모바일 쇼핑앱 이용자 1위 앱으로, 빠르고 정확하게 배송합니다.

[위메프] 앱(App)의 장점

▶ 찾기 쉬운 세분화된 카테고리를 제공하며, 해외직구 기능을 제공합니다.

▶ 시니어를 위한 텔레마트 서비스를 제공합니다.

ⒸⒽⒺⒸⓚ **리스트**

네이버 쇼핑

[NAVER]를 터치합니다.

네이버 쇼핑을 실행하기 위해
우측 상단 [더보기] 또는,
[쇼핑N페이]를 터치합니다.

[네이버쇼핑]을 터치합니다.

① 원하는 상품명을 입력하여
검색하거나,
② 서비스를 선택하기 위하여
[√]을 터치합니다.

상품검색 및 구매하고자 하는
서비스를 선택합니다.
본 교재에서는 [해외직구]를
설명합니다.

① 국가별 상품을 보기위해
[국가별 상품보기]를 터치
하거나,
② [전체]를 터치합니다.

① 원하는 상품을 검색하거나
② 나라를 선택하여 국가별
　상품을 검색하거나
③ 상품 카테고리를 터치합니다.

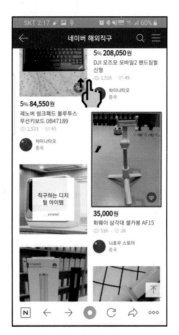

화면을 위로 밀어 원하는
상품을 선택합니다.
본 교재에서는 삼각대 셀카봉을
구매합니다.

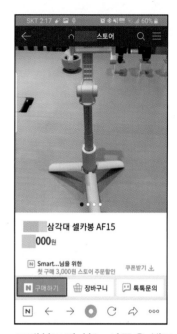

구매하고자 하는 상품을 체크
한 후, **[구매하기]**를 터치
합니다.

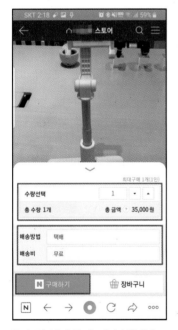

[수량선택], **[배송방법]**,
[배송비]등을 체크한 후,
[구매하기]를 터치합니다.

① 배송지정보를 입력합니다.
② 개인통관 고유부호 관련 동의 후
③ **[개인통관 고유부호]**를
　입력하고
④ 없으면 **[발급안내]**를 터치합니다.

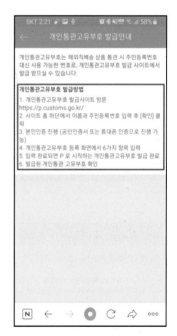

개인통관 고유부호 발급방법을
숙지하고, 발급사이트로
이동합니다.

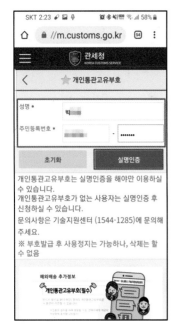

성명, 주민등록번호를 입력
한 후,
[실명인증]을 터치합니다.

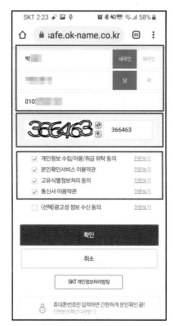

개인정보, 자동가입방지번호를
입력하고, 개인정보 수집 등에
동의한 다음, [확인]을 터치
합니다.

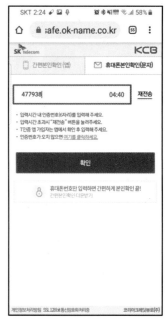

휴대폰 본인확인 문자를 입력
하고,
[확인]을 터치합니다.

성명, 주민번호를 입력하고,
[신청]을 터치 합니다.
비밀번호를 저장하시겠습니까?는
[사용하지 않음]을 터치합니다.

주민등록초본 열람, SMS알림
메시지를 체크한 다음,
[등록]을 터치합니다.

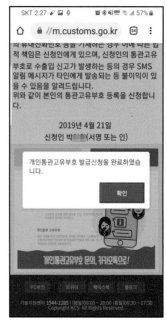

[확인]을 터치합니다.

개인통관고유부호를 확인하기
위하여 개인정보를 입력한 후,
[조회]를 터치 합니다.

결재를 위하여 배송지정보를
입력하고, 개인통관고유부호를
입력한 후, 화면을 위로 밀어
올립니다.

결제정보를 선택 합니다.
본 교재에서는
[카드간편결제]를 설명합니다.

[전체 동의하기]를 체크한 후,
[결제하기]를 터치합니다.

카드정보를 입력하고,
[다음]을 터치합니다.

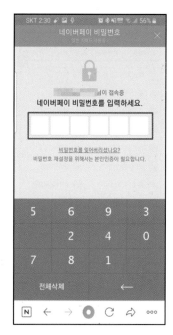

6자리 비밀번호를 입력하면,
결제가 완료됩니다.

🖥️ 쿠팡

[Play스토어]에서 [쿠팡]을
터치합니다.

쿠팡을 실행하기 위해
[열기]를 터치합니다.

좌측 상단의 [⋮] 더보기를
터치합니다.

① [카테고리]를 선택합니다.
② [쇼핑 물품 항목]을 체크
　 하거나
③ 테마관의 [전체보기]를
　 터치합니다.

본 교재에서는 [로켓배송]을
설명합니다. 카테고리 화면을
위로 밀어 올려 상품 카테고리를
터치하거나, 상세검색을 하기
위하여 [필터]를 터치합니다.

① [배송 종류]를 선택합니다.
② [검색 항목]들을 선택합니다.

쇼핑 품목을 결정하였으면,
[장바구니 담기], 또는
[바로 구매]를 선택합니다.

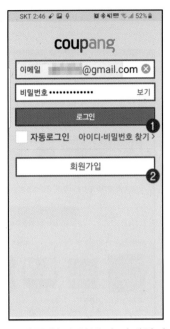

구매를 하기 위해서 이메일과
비밀번호를 입력한 후,
① [로그인]을 하거나, 처음인
　경우에는
② [회원가입]을 터치합니다.

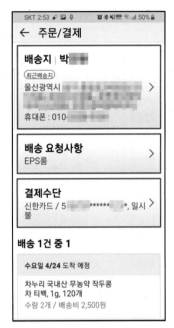

주문 / 결제를 위해 배송지,
배송 요청사항, 결제수단 등을
입력하고, 화면을 밀어 올립니다.

구매 및 결제 내용을 확인하고
[결제하기]를 터치합니다.

결제비밀번호 6자리를 입력
하면 결제가 완료 됩니다.

결제 내용을 확인하고, 주문
내용을 확인하기 위해서는
① [주문 상세보기]를 선택하고,
　쇼핑을 계속 하기 위해서는
② [쇼핑 계속하기]를 터치
　합니다.

위메프

[Play스토어]에서 [위메프]를
터치합니다.

위메프를 실행하기 위해
[열기]를 터치합니다.

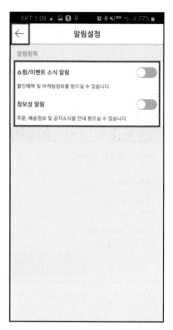

알림을 체크하고 [←] 뒤로
가기를 터치합니다.

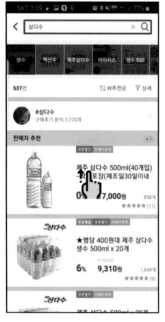

구매하고자 하는 상품을 입력
하여 검색한 후, 화면을 밀어
올려 상품을 선택합니다.

선택한 상품의 [구매하기]를
터치합니다.

계속 쇼핑을 할 경우에는
① [장바구니]를 선택하고,
   구매를 할 경우는
② [구매하기]를 터치합니다.

구매를 하기 위해서 이메일과
비밀번호를 입력한 후,
① [로그인]을 하거나, 처음인
　 경우에는
② [회원가입]을 터치합니다.

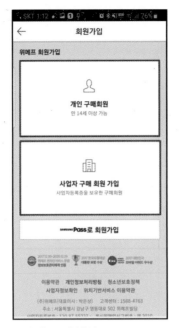

[개인 구매회원], 또는
[사업자 구매 회원 가입]을
선택합니다.

개인 구매회원 가입의 경우는,
개인정보를 입력하고, 화면을
위로 밀어 올립니다.

[이용약관]에 동의 한 후,
[회원가입]을 터치합니다.

이메일과 비밀번호를 입력한 후,
[로그인]을 합니다.

① [장바구니]를 선택하거나,
② [구매하기]를 터치합니다.

구매할 상품을 체크한 후,
[구매하기]를 터치합니다.

가입 후 처음 주문을 위해서는,
[휴대폰 본인인증]을 터치합니다.

이용중인 이동통신사를
선택합니다.

개인정보, 자동가입방지번호를
입력하고, 개인정보 수집 등에
동의한 다음, [확인]을 터치합
니다.

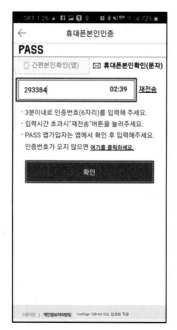

휴대폰 본인확인 문자를 입력하고,
[확인]을 터치합니다.

① 배송정보를 입력합니다.
② 주문 내용을 확인합니다.
③ 결제수단을 선택합니다.

본 교재에서는 원더페이
등록을 설명합니다.
[결재수단 추가하기]를
터치합니다.

[간편 계좌이체] 또는,
[간편 신용카드]을 선택합니다.

휴대폰 본인 확인을 위한
개인정보를 입력하고 동의를
체크한 후, **[인증번호받기]**를
터치합니다.

문자로 받은 인증번호를
입력하고, **[완료]**를 터치
합니다.

결제계좌를 등록하기 위하여
결제할 은행을 터치합니다.

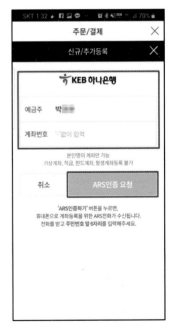

결제할 은행을 선택한 후,
[ARS인증 요청]을 터치
합니다.

ARS 인증전화를 받고, 본인의
주민번호 앞 6자리를 입력하고
통화가 종료되면 [다음]을
터치합니다.

본인 결제계좌의 거래내역을
조회하여 원더페이 거래내역의
앞부분 3자리 숫자를 확인합니다.

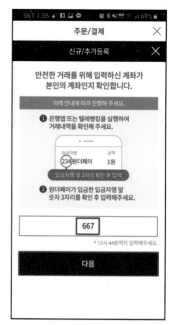

본인의 계좌인지를 확인하기
위하여 원더페이 거래내역의
앞부분 3자리 숫자를 입력한
후 [다음]을 터치합니다.

결재 비밀번호 6자리를 입력
한 후, [확인]을 터치합니다.
주문/결제가 완료되고 다음부터
는 원더페이 결재비밀번호만
입력하여 결제할 수 있습니다.

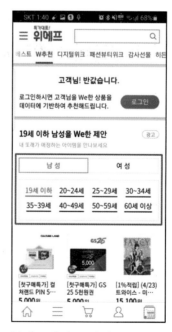

위메프에서는 남성 / 여성,
나이대별 등 다양한 상품을
추천 받을 수 있습니다.

쿠폰혜택, 해외직구 등 다양한
상품 카테고리서비스를 받을
수 있습니다.

22 SECTION | 여행 관련 앱(App) 활용하기

🖥 해외 유심칩 활용

일반(미니) 유심
마이크로 유심
나노 유심

해외로 여행을 떠나기 전에 조금만 꼼꼼히 살펴 둔다면 스마트폰 요금을 반에 반값으로 줄여서 알뜰한 여행을 즐길 수 있는 방법 : 로밍 대신 [유심칩] 활용

[유심칩] 활용 / 이용 방법

- ▶ 내폰이 유심카드를 이용할 수 있는 폰인지 확인합니다
- ▶ 유심카드몰에서 일정과 통화시간에 맞는 유심 카드를 구입합니다
- ▶ 주문하신 해외 유심 카드를 받습니다
- ▶ 출국 합니다
- ▶ 해외에서 해외유심카드를 끼운 후 이용합니다
- ▶ 해외에서 유심카드 이용중 잔액이 부족하면 유심카드몰에서 충전합니다.

해외 유심 장착 팁 tip!

- ▶ 현지에 도착하기 전, 혹은 현지 도착 후 핸드폰을 비행기 모드로 설정합니다
- ▶ 해외 유심 장착 뒤에는 데이터로밍 기능 활성화를 꼭 합니다.

※ 해외에서 다시 한국으로 입국하여 한국 유심칩을 장착하게 되면,
　 자동으로 한국 이용 통신사의 데이터 로밍이 잡혀 정상적인 데이터 사용이 가능합니다.

해외 유심을 사용하려면 데이터 로밍을 활성화 하여야 합니다.

ⒸⒽⒺⒸⓀ 리스트

< 추출핀 이용하여 유심 트레이 빼기 >

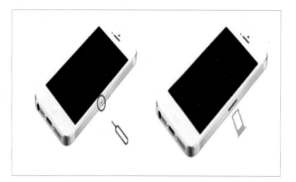

위 왼쪽 사진 속 빨간 동그라미 표시해놓은 곳에 유심 트레이 구멍이 있습니다.
(스마트폰마다 위치가 다를 수 있습니다.)

↑ 유심트레이 구멍안을 유심 추출 핀으로 꾹 눌러주세요. 그럼 ↗ 오른쪽 사진처럼 유심 트레이가 쏙 나옵니다.

※ 기존 스마트폰 유심은 잃어버리지 않게 주의하여 보관해 두세요!

< 유심 트레이에 맞게 유심칩 끼우기 >

비교적 최신 핸드폰엔 나노 사이즈의 유심이 들어가는게 가장 일반적인데, 그렇지 않은 경우엔 사용하는 핸드폰의 유심 사이즈에 맞게 트리오 유심을 커팅하여 사용하시면 됩니다.

▌트리오 유심

❶ **일반유심** : 갤럭시S/S2, 아이폰3G, 넥서스S 등
❷ **마이크로유심** : 아이폰4/4S, 갤럭시S3/4/5, 노트3/4, LG G3/4 등
❸ **나노유심** : 아이폰5/5se 포함 이후 출시 제품 전부, 갤럭시노트5 포함 이후 출시 제품, LG G5, V10포함 이후 출시제품, 비슷한 시기에 나온 보급형 스마트폰

 위시빈

QR-CODE를 스캔하시면 [위시빈] 활용법에 대한 자세한 영상을 보실 수 있습니다.

[위시빈] 앱(App)은 여행을 준비하고, 여행 중에도 유용하게 활용할 수 있습니다.

[위시빈] 앱(App)의 장점

▶ 여행자들과 소통할 수 있는 커뮤니티로, 잡담, 질문, 여행기, 리뷰, 정보, 메모 카테고리에서 여행자들과 실시간으로 정보를 나눌 수 있습니다.

▶ 여행 중에도 자유롭게 일정을 수정하고, 필요한 내용을 추가할 수 있습니다.

▶ 여행 전에 일정을 한눈에 파악할 수 있고,여행 후엔 내가 찍은 사진을 올린 포스트에서 여행 이야기를 풀어낼 수 있습니다.

▶ 서울, 일본, 홍콩, 태국, 대만에 이어서 유럽, 국내 여행시,대표 맛집, 관광지, 쇼핑몰을 확인할 수 있습니다.

▶ 다운로드 시 오프라인에서도 여행 일정 확인할 수 있습니다.

① [Play스토어]에서
　[위시빈]를 검색하여
설치합니다.

① [위시빈] 앱이 설치 된
것을 알 수 있습니다.

① [≡]를 터치합니다.

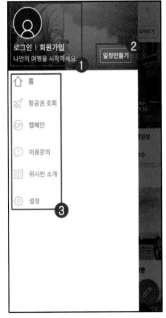

[≡]를 터치하면
① 회원가입
② 일정 만들기
③ 메뉴가 나타납니다.

① [연필]을 터치합니다.

① [커뮤니티에 포스트] 쓰기
선택하여 여행 추억을 기록
할 수 있습니다.
② [새로운 일정만들기]에
일정을 추가할 수 있습니다.

 **무빗**

   QR-CODE를 스캔하시면
[무빗] 활용법에 대한 자세한
영상을 보실 수 있습니다.

[무빗] 앱(App)은 2700개 이상의 도시를 지원하는 대중교통 길찾기에 유용하게
활용할 수 있습니다.

[무빗] 앱(App)의 장점

▶ 실시간 이동 정보와 내릴 곳 알림은 이동 단계별로 실시간 안내를 해드립니다. 정확히 어디를 걷고
   있는지, 도보 구간이 얼마인지, 몇 정류장이 남았는지를 알 수 있습니다. 무빗이 내려야 할 때를 알려
   주므로, 끊임없이 어플을 확인하며 지금 어디쯤인지 확인할 필요가 없습니다.

▶ 실시간 도착 정보로 정확히 언제 정류장에 도착하면 되는지를 알 수 있고, 정류장에서 멍하니 기다
   리며 낭비하는 시간을 줄일 수 있습니다(현재 개발 중인 도시도 있습니다)

▶ 위젯으로 즐겨찾는 노선과 목적지를 즉시 확인해서, 날씨를 확인하는 것 만큼이나 쉽게 대중교통
   정보를 확인할 수 있습니다.

▶ 서비스 알람을 이용하면 오지 않는 버스를 기다리거나 연착되는 지하철을 기다리는 일을 피할 수
   있습니다.

▶ 즐겨찾는 노선을 추가해 두면 그 정류장이나 노선 이용에 영향을 술 만한 일이 생길 때 무빗이 메시지를
   보내드립니다.

MEMO

① [Play스토어]에서
[무빗]을 검색하여
설치합니다.

① [무빗] 앱이 설치 된 것을
알 수 있습니다.

무빗앱을 터치한 후 좌측상단
① [≡]를 터치합니다.

①을 터치하여 목적지 입력하면
② 주소 및 위치가 선택이 됩니다.

① 목적지인 주소 및 거리가
지도로 나타납니다.

① 전세계 2700개 도시에서
선택하여 사용할 수 있습니다.

부킹

    QR-CODE를 스캔하시면 [부킹] 활용법에 대한 자세한 영상을 보실 수 있습니다.

[부킹] 앱(App)은 호텔 및 다양한 숙소의 특가를 알 수 있어 여행에 유용합니다.

[부킹] 앱(App)의 장점

▶ 머물 호텔을 급히 예약할 때, 탭 한 번이면 인근 최고의 호텔을 찾을 수 있습니다. 일부 참여 호텔에서는 신용카드 없이도 예약이 가능합니다.

▶ 예약 후 예약 확인서가 앱에 저장되어 체크인 시 열어볼 수 있어 인터넷이 안되는 곳에서도 가능합니다.

▶ 전 세계 7만곳 이상의 빌라, 아파트, 호스텔, 펜션, 그 외 다양한 타입의 숙소를 찾아볼 수 있습니다.

▶ 앱에서 로그인하면 내 예약, 최근 검색, 리스트, 개인 정보 등이 자동 동기화됩니다. 지난번에 하던 작업, 언제든지 마저 할 수 있습니다.

▶ 지도에서 머물고 싶은 지역의 호텔을 찾을 수 있고 원하는 지역을 지도 위에 손으로 직접 그려 검색할 수 있습니다.

MEMO

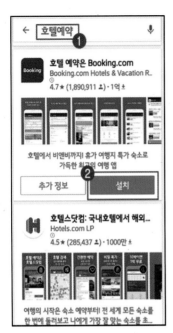

① [Play스토어]에서
　[호텔예약]를 검색하여
　[부킹] 설치합니다.

① [부킹] 앱이 설치 된 것을
　알 수 있습니다.

① [OK]를 터치합니다.

① [계정 선택]를 합니다.

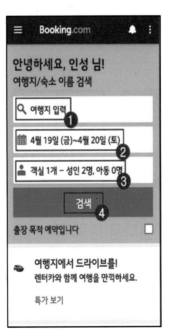

① [여행지]를 입력합니다.
② [일정]을 입력합니다.
③ [인원]을 입력합니다.
④ [검색]을 터치합니다.

검색을 하면 여행지에 대한
정보가
① [정렬]이 되고 ,
② [필터]을 해줍니다.
　여행지 위치에 대해
③ [지도] 그림이 나타납니다.

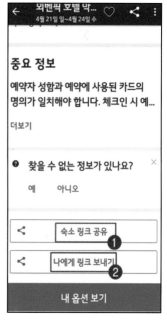

여행지에 대한 정보가
① [필터]가 되고 여행지 대한
② [결과 표시]를 확인 할 수
　　있습니다.

여행지에 대한 위치를
① [지도]에서 확인 할 수
　　있습니다.

여행지에 대해
① [숙소 링크 공유]할 수
　　있고,
② [나에게 링크 보내기]하여
　　공유할 수 있습니다.

방방콕콕

QR-CODE를 스캔하시면
[방방콕콕] 활용법에 대한
자세한 영상을 보신 수
있습니다.

[방방콕콕] 앱(App)은 국내의 아름다운 관광지와 관광지 주변의 맛집과 숙소, 축제 정보를 알 수 있습니다.

[방방콕콕] 앱(App)의 장점

▶ 전국 관광지, 음식점, 숙박 등 약 3만여 건의 관광정보를 알 수 있습니다.

▶ 계절과 여행테마를 반영한 '여행태그' 기능, 여행 전 여행코스를 설계하는 사용자 여행코스 기능이 있습니다.

▶ 지역별 여행정보와 위치를 기준으로(GPS) 관광지, 음식, 숙박, 축제/행사 등의 여행정보를 알 수 있습니다.

① [Play스토어]에서
　[방방 콕콕]을 검색하여
② [방방 콕콕]을 설치합니다.

① [방방콕콕] 앱이 설치
　된 것을 볼 수 있습니다.

앱을 터치하면
① [인기 여행지] 맛집, 숙소
　등을 확인 할 수 있습니다.

① [제천]을 입력합니다

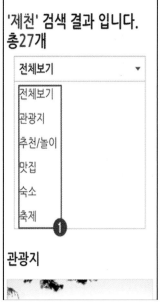

① [제천]에 대한 관광지 등
　다양한 정보를 확인 할 수
　있습니다

여행관련하여
① [관광지]를 선택합니다.
② [관광지 찾기] 선택하여
　지역, 지역 상세, 관광지
　전체 보기를 선택하여 검색
　하면 자세한 정보를 알 수
　있습니다.

 와이파이 도시락

   QR-CODE를 스캔하시면 **[와이파이 도시락]** 활용법에 대한 자세한 영상을 보실 수 있습니다.

[와이파이 도시락] 앱(App)과 함께라면 전 세계 어디든 데이터 걱정없이 여행할 수 있습니다.

[와이파이 도시락] 앱(App)의 장점

▶ 전 세계 100여 개국에서 사용 가능합니다.

▶ 스마트폰, 태블릿PC, 노트북 등 동시접속 가능한 멀티태스킹 입니다.

▶ 단말기 1대로 최대 5명까지 사용 가능하고, 통신사 로밍 대비 경제적인 데이터 요금을 이용할 수 있습니다.

▶ 국내 주요 공항 및 항만 로밍센터에 설치 되어 있습니다.

▶ 전국 어디서든 편리한 딜리버리 시스템으로 와이파이도시락은 전국 주요 공항을 통해 빠른 수령 및 반납이 가능합니다.

스마트폰 용어 정리

블로그(Blog)

보통 사람들이 자신의 관심사에 따라 자유롭게 칼럼과 일기, 취재 기사 등을 올리는 웹사이트를 블로그라고 한다.

블로그(blog)는 웹 로그(web log)의 줄임말로, 인터넷을 의미하는 '웹(web)'과 항해일지를 뜻하는 '로그(log)'가 합쳐진 신조어다.

블로그는 형식과 주제에 있어서도 다양하다. 일기장 형식으로 그날 그날의 자기의 일상사를 올리는 사람도 있고, 사회·정치 문제에 대해 자신만의 입장을 밝히기도 하고 포토로그(photo log)라는, 사진 자료를 모아 웹에 올리는 곳도 있다. 또한 문학, 자동차, IT 기술 등 다양한 특정 분야에 대한 정보까지 블로그를 통해서 다루어진다. 최근에 와서는 웹상의 개인 출판, 윈앰프 개인방송 등 다양한 형태로 통하는 1인 미디어로 작용하고 있다. 이에 따라 블로그는 정보의 손쉬운 가공과 공유, 전화를 통한 음성정보·축적과 함께 양방향 커뮤니케이션을 통한 새로운 멀티콘텐츠의 생성이 가능해 새로운 커뮤니케이션의 수단으로 각광받고 있다.

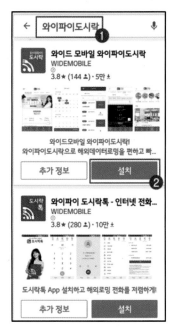

① [Play스토어]에서
  [와이파이 도시락]을
  검색하여
② [설치]합니다.

① [회원가입]하여 사용할
  수 있고,
② [비회원 예약하기]를
  사용 할 수도 있습니다.

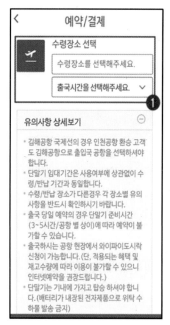

① 와이파이 도시락 수령
  장소를 선택하고, 출국
  시간을 선택합니다.

① [국가선택]을 터치하여
  국가를 선택 합니다.

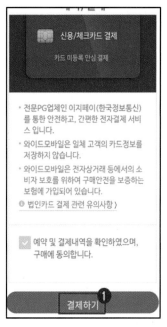

① [결제하기]를 터치합니다.

① [수령/반납]을 터치하여
  위치를 확인 하고, 출국 시
  수령하고, 입국 시 반납 합
  니다.

 해외안전여행

 QR-CODE를 스캔하시면 [**해외안전여행**] 활용법에 대한 자세한 영상을 보실 수 있습니다.

[해외안전여행] 앱(App)은 해외에서 위기 상황시 도움을 받을 수 있고, 사고의 사전 예방을 위해 유용하게 활용할 수 있습니다.

[해외안전여행] 앱(App)의 장점

▶ 위기상황 별 대처메뉴얼이 있습니다.
△영사조력범위 △분실/도난/소매치기 △길잃음/구조요청 △교통사고/항공사고/해양사고 △질병/사망 △체포구금/피랍/테러 △화재/산불 △지진/해일 △운항지연/결항

▶ 여행경보제도(여행경보신호등제도, 특별여행경보, 국가별 안전정보 표시지도 등) 에 대한 다양한 정보를 얻을 수 있습니다.

▶ 여행 체크리스트를 확인할 수 있습니다.

▶ 내 위치와 공관 위치를(170개 공관 주소, 전화번호 등)를 쉽게 찾을 수 있습니다.

▶ 현지긴급구조(현지국 경찰, 화재신고, 구급차)에 바로 전화를 할 수 있습니다.

▶ 170개국 국가별 대사관 영사관 영사핫라인(재외공관 비상연락처)에 바로 전화를 할 수 있습니다.

MEMO

① [Play스토어]에서
　[해외안전여행]를 검색하여
② [설치]합니다.

① [해외안전여행] 앱이
　설치 된 것을 알 수 있습니다.

① [여행 주요 나라]에
　대하여 검색 할 수 있고,
　위기상황 대처 매뉴얼 등
② [영사 콜센터, 대사관,
　영사관, 현지 긴급구조]에
　도움을 받을 수 있습니다

MEMO

....

....

....

....

....

....

....

....

....

퇴직 예정자들이 꼭 알아야 할
스마트폰 활용 길라잡이

스마트한 사무실 만들기

23강. 동시통역 및 번역 앱(App) 활용하기
24강. 스마트한 사무처리 하기
25강. 메모 앱(App)

23 SECTION | 동시통역 및 번역 앱(App) 활용하기

 **구글 번역기**

QR-CODE를 스캔하시면 **[구글 번역기]** 활용법에 대한 자세한 영상을 보실 수 있습니다.

[구글번역기] 앱(App)은 텍스트, 카메라 활용 후 번역, 어학 학습을 할 수 있고 번역 작업을 쉽게 할 수 있습니다.

[구글번역기] 앱(App)의 장점

▶ 언어 패키지를 다운로드 한 후에 앱을 오프라인으로 사용하여 번역 할 수 있습니다.

▶ 103개의 타이핑모드로 번역,카메라 모드는 37개 언어로 된 그림을 텍스트로 번역, 대화 모드는 32개 언어로 즉각적인 양방향으로 번역, 손 글씨 모드는 최대 93개 언어의 손으로 쓴 문자를 번역 할 수 있습니다.

▶ 최대 103개의 언어로 문자로 된 언어는 모두 번역 할 수 있습니다.

▶ 두 사람이 서로 다른 언어로 의사 소통을 하기를 원한다면 양방향 음성 번역 기능을 제공 합니다.

CHECK 리스트

① [Play스토어]에서
　　[구글 번역기]를 검색하여
② 설치합니다.

① [구글번역기]가 설치
　　된 것을 알 수 있습니다.

① [완료]를 터치합니다.

① [구글 번역기]의 4가지
　　기능입니다

① 터치하여 [텍스트]를
　　입력합니다

① [자판 이미지]를 터치하여
② "어디로가세요"입력을 하면
③ 영어 문장이 나타납니다.

① [카메라] 버튼을 터치합
니다.

① [텍스트 정렬]에 두고
사진을 촬영합니다.

① [확인]을 터치합니다.

① [모두 선택] 버튼을 터치
합니다.

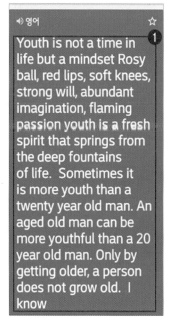

① 한국어가 영어로 번역이
됩니다

① [필기] 버튼을 터치합니다.

① 원하는 한국어 문장을 입력
　합니다
② 영어 문장으로 번역이 됩니다.

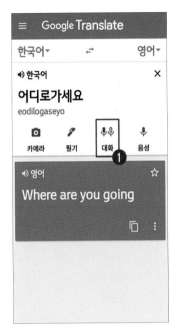

① [대화] 버튼을 터치합니다.

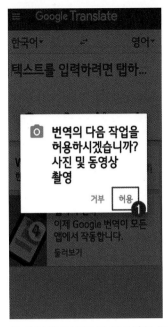

① [허용] 버튼을 터치합니다.

① [한국어] 버튼을 터치합니다.
④ "몇시입니까" 입력이 되면
⑤ 영문장으로 번역이 됩니다
③ 영어로 입력하면
④ 한국어로 번역이 되고,
⑤ 자동 버튼을 터치하면 한국어,
　영어 번역이 자동으로 됩니다

① [음성] 버튼을 터치합니다.

① [음성]을 입력할 수 있게
　표시가 됩니다.

① 한국어를 입력 하면
② 영문 번역이 됩니다.

여러가지 언어를 확인할 수 있습니다

① 번역 문장에 대하여 공유, 전체화면, 대화시작하기, 역 번역을 할 수 있습니다.

네이버 파파고

QR-CODE를 스캔하시면 [파파고] 활용법에 대한 자세한 영상을 보실 수 있습니다.

[파파고] 앱(App)은 여행, 출장 시 음성 번역과 이미지와 텍스트에 대한 번역을 할 수 있습니다.

[파파고] 앱(App)의 장점

▶ 번역이 필요한 문구를 텍스트로 입력하면 실시간으로 번역을 할 수 있습니다.

▶ 번역이 필요한 내용을 음성으로 말하면 실시간 번역을 할 수 있습니다..

▶ 외국인과 1:1 대화 필요한 상황에서 서로의 언어로 동시 대화 가능합니다.

▶ 텍스트로 입력이 어려울 때, 카메라로 촬영하고 손가락으로 문지르면 번역이 됩니다.

▶ 번역된 결과 외에 단어의 다른 뜻까지 볼 수 있도록 사전 정보 제공을 해줍니다

▶ 글로벌 회화가 가능합니다.

▶ 네트워크 연결이 안 되는 상황에서도 사용 가능한 기본 생활 표현을 할 수 있습니다.

[Play스토어]에서
① [파파고]를 검색합니다.

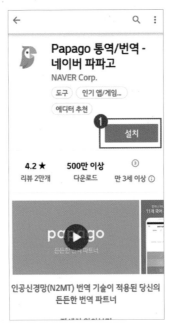

① [설치]를 터치합니다.

① [파파고] 앱이 설치 된 것을
알 수 있습니다.

① [허용]을 터치합니다.

[파파고] 실행을 위해
① [마이크]를 터치합니다.

① [허용]을 터치합니다.

파파고 활용 메뉴입니다.

① [마이크]를 터치합니다.

① [마이크]를 터치하면 음성 입력을 할 수 있도록 모양이 바뀝니다.

① 한국어를 음성 입력 하면
② 영문 번역이 됩니다.

① [박스]를 터치합니다.

① 영어 음성 입력 할 수 있고
② 한국어 음성 입력 할 수 있습니다.

음성 입력을 하면
① 영어, ②한글 문자가 나타납
니다.

① [카메라]를 터치합니다.

① [허용]을 터치합니다.

① [텍스트 정렬]은 문서를
바로 촬영해서 번역할 수
있습니다.
② 갤러리에 있는 [사진 이미지]를
불러와서 번역할 수 있습니다.
③ 은 [후레쉬] 아이콘입니다.

필요한 문서를 정렬 후
① [카메라]를 터치합니다.

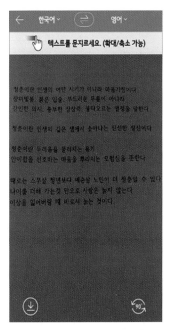

문서가 촬영 된 것을 확인
합니다.

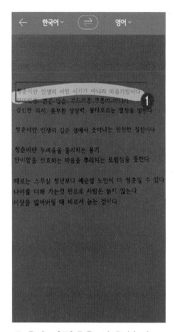

① [손가락]을 사용하여
   문질러줍니다.

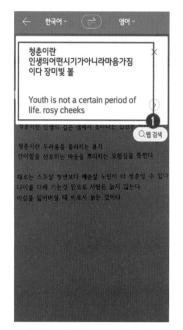

① [손가락]으로 번역 부분을
   문질러 주면 해당 문서가
   번역 된 것을 알 수 있습니다.

① [사진파일]을 선택한
   문장을 손가락으로 문자를
   문질러 주면 번역이 됩니다.

① [연필] 부분을 터치합니다.

① 부분에 "만나다" 글씨를 쓰면
② 부분에 영문으로 표시가 됩니다.

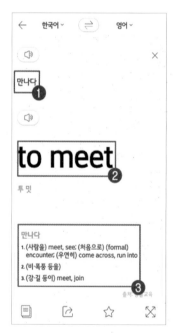

① "만나다" 를 한국어로 입력
   하면
② 영문으로 표시가 되고,
③ "만나다" 에 대한 사전적
   의미를 확인 할 수 있습니다.

① [≡] 을 터치합니다.

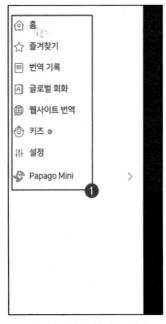

① 파파고 활용 [메뉴]를
확인할 수 있습니다.

① [글로벌 회화]를 터치하면
각 환경에서 활용할 수 있는
기본 회화를 확인 할 수 있습
니다.

참고로 텍스트스캐너앱을
활용한 추출한 문장도 번역할 수
있습니다
① [텍스트 스캐너]를 터치
합니다.

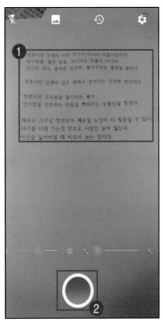

① [텍스트] 부분을 확인하고
② 셔터를 터치하여 촬영합니다.

① [처리 중]이라고 문자가
나오면서 기다립니다.

① [텍스트]가 촬영 된 것을
　확인하고,

② [복사]를 합니다.

① 구글번역기(파파고도 가능)에
　붙여 넣기를 합니다.

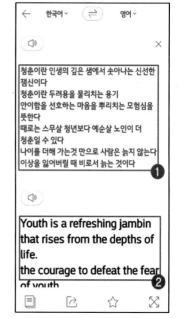

① [텍스트]를 붙여 넣기를
　하면,

② [영문]으로 번역이 됩니다.

스마트폰 용어 정리

페이스북(facebook)

미국에서 가장 성공한 소셜 네트워크 서비스(Social Network Service, SNS; 웹상에서 이용자들이 인맥을 형성할 수 있게 해주는 서비스)

웹사이트 중 하나로 2004년 2월 4일 당시 19살이었던 하버드대학교 학생 마크 저커버그(Mark Zuckerberg)가 학교 기숙사에서 사이트를 개설하며 창업하였고, 세계 최대의 소셜네트워크 서비스인 페이스북은 사적 정보의 보호와 공개 사이의 모순된 이중성을 통해 성장했다.

페이스북은 이용자의 사적 정보, 이용자가 자발적으로 올리는 각종 콘텐츠와 이용자의 활동을 공개했기 때문에 소셜네트워크서비스(SNS) 시장의 지배자가 될 수 있었다.

페이스북은 친구를 매개로 공적 공간과 사적 공간, 현실 세계와 사이버 세계의 구분을 없애버렸다. 그것이 페이스북이 인터넷에 몰고 온 가장 큰 변혁이다.

24 SECTION | 스마트한 사무처리 하기

 캠스캐너

QR-CODE를 스캔하시면 [캠스캐너] 활용법에 대한 자세한 영상을 볼 수 있습니다.

[캠스캐너] 앱(App)은 복합기가 없어도 스마트폰으로 문서를 스캔할 수 있습니다.

[캠스캐너] 앱(App)의 장점

▶ 문서를 자동으로 스캔하고 pdf 파일 또는 jpeg 문서로 생성합니다.
▶ 사진에 적힌 글자를 자동 인식해서 글자를 편집하거나 텍스트로 보낼 수 있습니다(유료버전)
▶ 사진을 찍으면 문서가 기울어져서 있는데, [캠스캐너]는 끝 모서리를 인식해 깔끔하게 문서를 스캔합니다.
▶ 스캔한 문서를 이메일, SNS, 카카오톡으로 공유합니다.

[캠스캐너] 앱(App)의 활용

▶ 사업자등록증사본, 통장사본 등을 스캔하고 팩스나 이메일로 거래처에 발송합니다
▶ 출장시 계약서, 문서, 영수증, 비행기표를 스캔하고 팩스나 이메일로 문서를 공유합니다.
▶ 여권, 면허증, 주민 등록증, 여행 계획, 짐 리스트, 지도, 노선을 스캔하고 네트워크 없어도 이용할 수 있습니다.
▶ 제품설명서, 세금 영수증, 통장, 은행카드, 회원카드, 요리책을 스캔하여 보관합니다.

CHECK 리스트

[Play스토어]에서
[캠스캐너]를 검색하여
설치합니다.

[캠스캐너] 실행을 위해
[열기]를 터치합니다.

사진, 미디어, 파일에
[캠스캐너]가 접근할 수 있도록
[허용]합니다.

회원가입 없이 사용이
가능하며, [바로 사용]을
터치합니다.

스캔을 하기 위해 우측 하단의
[카메라] 버튼을 터치합니다.

사진 및 동영상을 촬영할 수
있도록 [허용]합니다.

카메라가 자동으로 스캔영역을
지정해 주며, 조절이 필요 없으면
[√]을 터치합니다.

① 스캔 후 효과적용 메뉴 중
　원하는 것 하나를 선택합니다.
② [√]을 터치합니다.

스캔한 문서를 보여주며,
다음 페이지를 스캔하기 위하여
[카메라] 버튼을 터치합니다.

카메라가 자동으로 스캔영역을
지정해 주며, 스캔영역의 조절이
필요합니다.

① 스캔영역의 점들을 드래그
　하여 스캔영역을 조절합니다.
② [√]을 터치합니다.

단순미화 효과메뉴를 선택한
후 [√]을 터치합니다.

자동으로 파일 이름이 부여되며,
원하는 이름으로 변경하기 위해
[파일 이름]이 있는 곳을 터치
합니다.

자동 부여된 **[파일 이름]**을
지웁니다.

① 원하는 파일 이름을 입력
　합니다.
② **[확인]**을 터치합니다.

① 파일 이름이 변경되었습니다.
② 다른 사람과 공유하기 위해
　[공유] 버튼을 터치합니다.

스캔한 문서를 Pdf, 이미지(jpeg),
문서링크 등 다양한 파일형태로
선택할 수 있습니다.

스캔한 문서를 이메일, 팩스,
SNS 등 다양한 방법으로
공유할 수 있습니다.

[캠스캐너] 는 문서뿐만 아니라 축하 카드, PPT, OCR, ID카드, 문제집, QR code 등 여러 기능을 선택하여 문서를 스캔할 수 있습니다.

[QR 코드] 기능을 터치하고 큐알 코드에 문서를 대면 자동으로 스캔이 이루어집니다.

스캔 결과에 웹사이트 주소가 보여지며, 웹사이트 열기가 가능합니다.

📱 모바일 팩스

QR-CODE를 스캔하시면 **[모바일 팩스]** 활용법에 대한 자세한 영상을 보실 수 있습니다.

[모바일 팩스] 앱(App)은 집이나 사무실에 팩스기가 없어도 팩스를 보내고 받을 수 있습니다.

[모바일 팩스] 앱(App) 의 장점

▶ 설치하고 가입승인이 되면, 무료로 0504 가상 팩스번호를 부여 받습니다.

▶ MMS를 이용하여 팩스를 전송하므로 이용자의 스마트폰 요금제에 따라 무료 발송이 가능합니다.
   (1건당 MMS 2개 차감)

▶ 스마트폰에 저장되어 있는 파일이나 스마트폰 카메라를 이용하여 편리하게 팩스발송을 할 수 있습니다.

▶ 스마트폰 상에서 팩스 수신과 발신이 모두 가능합니다.

[모바일 팩스] 앱(App)의 활용

▶ 사업자등록증 사본, 통장사본 등을 팩스로 받고 보낼 수 있습니다.

▶ 거래처에 필요한 서류를 팩스로 요청할 수 있습니다.

▶ 관공서나 PC방에 가지 않고서도 신청서류 등을 팩스를 보낼 수 있습니다.

[Play스토어]에서
[모바일 팩스]를 검색하여
설치합니다.

[모바일 팩스] 실행을 위해
[열기]를 터치합니다.

[모바일 팩스]가 통화상태를
관리하거나 전화를 할 수
있도록 [허용]합니다.

[모바일 팩스]가 기기 사진,
미디어, 파일에 접근할 수
있도록 [허용]합니다.

[모바일 팩스]가 주소록에
접근할 수 있도록
[허용]합니다.

[모바일 팩스]가 시스템
설정 수정작업을 할 수 있도록
허용을 [확인]합니다.

[모바일 팩스]가 블루투스
실행이나 해제와 같이 시스템
설정을 변경할 수 있도록
[권한허용]을 선택합니다.

[모바일 팩스]가 다른 앱
위에 그리기 작업할 수 있도록
허용을 [확인]합니다.

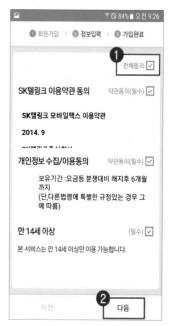

① 회원가입을 위해
   [전체동의]를 터치합니다.
② [다음]을 터치합니다.

① 기존에 사용한 팩스번호를 입력
   하거나 모르면, [신규가입]을
   터치합니다.
② [다음]을 터치합니다.

① 자동으로 부여된 팩스번호
   5개중에서 맘에 드는 번호
   1개를 [선택]합니다.
② [다음]을 터치합니다.

모바일 팩스번호를 연락처에
등록하기 위하여 [등록]를
터치합니다.

연락처 저장위치로
[휴대전화]를 선택합니다.

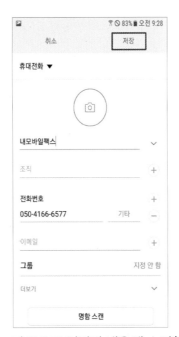

자동으로 입력된 내용에 수정할
것은 없는지 확인한 후 [저장]을
터치합니다.

선택한 팩스번호로 가입완료가
되었고 팩스 사용을 위해
[확인]을 터치합니다.

모바일 팩스 메뉴입니다.
① [팩스발송] 탭을 터치합니다.
② [받는 사람 팩스번호]를
    입력합니다.
③ [문서사진], [인물 / 배경사진],
    [신분증]에서 하나를 선택합니다
④ [사진/문서첨부]를 터치합니다.

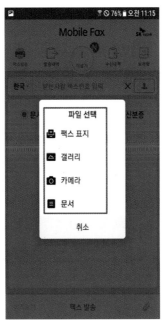

첨부를 원하는 파일 선택 -
팩스 표지, 갤러리, 카메라,
문서 - 중에서 [팩스표지]를
선택합니다.

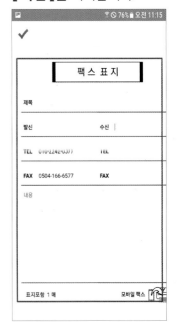

팩스 표지를 선택하면 받는
사람에게 정확하게 전달할 수
있습니다.
제목, 발신 및 수신, 연락처 등
을 모두 기입합니다.

첨부를 원하는 파일 선택 -
팩스 표지, 갤러리, 카메라,
문서 - 중에서 [문서]를 선택
합니다.

스마트폰에 저장되어 있는 파일
중에서 팩스로 전송하고자 하는
[문서]를 선택합니다.

첨부한 문서가 보여지며,
첨부한 문서가 맞으면
[팩스 발송]을 터치합니다.

[발송내역]을 터치하면
보낸 문서의 내역을 볼 수
있습니다.

① [수신내역]을 터치하면
   받은 문서의 내역을 볼 수
   있습니다.
② 수신된 문서 내용을 확인하기
   위해 터치합니다.

수신문서의 내용을 확인 후
[√]을 터치합니다.

① 수신한 문서의 제목을
　1초간 누르면 편집 기능이
　나타납니다.
② [제목변경]을 터치합니다.

① 원하는 제목으로 입력합니다.
② [확인]을 터치합니다

① 제목이 변경 되었습니다.
② 공유하기 위해
　[공유/인쇄]을 터치합니다.

① 링크 공유 중 하나를 선택
　합니다.
② [√]을 터치합니다.

자주 보내는 파일은 [보관함]에
저장합니다.

[더보기]를 터치하면 공지
사항, 이용안내, 부가기능 등
좀더 상세한 정보를 알 수
있습니다.

 **탱큐모바일팩스**

QR-CODE를 스캔하시면
[탱큐모바일팩스] 활용법에
대한 자세한 영상을 보실 수
있습니다.

[탱큐모바일팩스] 앱(App)은 집이나 사무실에 팩스기가 없어도 팩스를 보내고 받을 수 있습니다!

[탱큐모바일팩스] 앱(App) 의 장점

▶ 간단한 회원가입으로 나만의 050 팩스 수신번호를 무료로 발급 받습니다.

▶ MMS를 이용하여 팩스를 전송하므로 이용자의 스마트폰 요금제에 따라 무료 발송이 가능합니다.
   (1건당 MMS 2개 차감)

▶ 스마트폰에 저장되어 있는 파일이나 스마트폰 카메라를 이용하여 편리하게 팩스발송을 할 수 있습니다.

▶ 팩스로 수신한 자료를 사전에 등록한 이메일에서 확인할 수 있습니다..

[탱큐모바일팩스] 앱(App)의 활용

▶ 사업자등록증 사본, 통장사본 등을 팩스로 보낼 수 있습니다.

▶ 거래처에 필요한 서류를 팩스로 요청하고 이메일로 받습니다.

▶ 관공서나 PC방에 가지 않고서도 팩스를 보낼 수 있습니다.

MEMO

[Play스토어]에서
[탱큐모바일팩스]를 검색하여
설치합니다.

[탱큐모바일팩스] 실행을 위해
[열기]를 터치합니다.

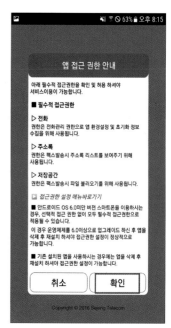

서비스 이용을 위하여 앱 접근
권한 허용을 [확인]합니다.

[탱큐팩스]가 전화할 수 있도록
[허용]합니다.

[탱큐팩스]가 주소록에
접근할 수 있도록 [허용]
합니다.

[탱큐팩스]가 기기 사진,
미디어, 파일에 접근할 수
있도록 [허용]합니다.

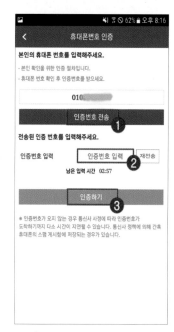

탱큐모바일팩스를 사용하기 위해
[**시작하기**]를 터치합니다.

① [**서비스 이용약관**] 등에
　모두 체크를 합니다.
② [**확인**]을 터치합니다.

① 휴대폰번호 인증을 위해
　[**인증번호 전송**]을
　터치합니다.
② [**인증번호**]를 입력합니다
③ [**인증하기**]를 터치합니다

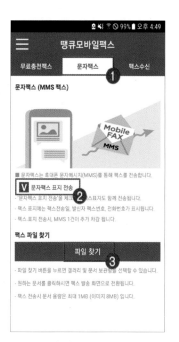

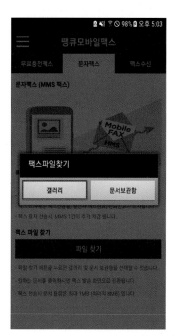

① [**문자팩스**]를 선택합니다.
② [**문자팩스 표지 전송**]에
　체크합니다.
③ [**파일 찾기**]를 터치합니다.

[**갤러리**]와 [**문서보관함**]에서
팩스파일 찾기를 할 수 있습니다.
[**갤러리**]를 선택합니다.

갤러리에서 보낼 파일을
[**선택**]합니다.

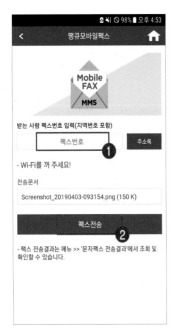

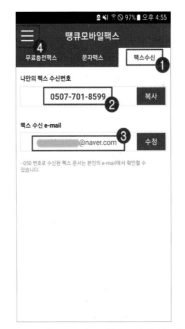

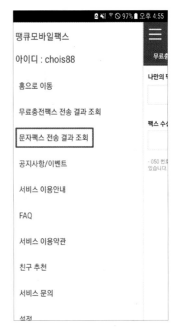

① 지역번호를 포함하여 받는 사람 [**팩스번호**]를 입력합니다.
② [**팩스전송**]을 터치합니다.

① [**팩스수신**] 탭을 선택합니다.
② [**나만의 팩스 수신번호**]를 보여줍니다.
③ [**팩스 수신 e-mail**]을 보여줍니다
④ [☰] 설정을 선택합니다

[**문자팩스 전송 결과조회**]를 보여줍니다.

스마트폰 용어 정리

인스타그램(Instagram)

인스타그램은 사진 및 동영상을 공유할 수 있는 소셜미디어 플랫폼이다.

인스타그램(Instagram)은 '인스턴트'(instant)와 '텔레그램'(telegram)이 더해진 단어다.

'세상의 순간들을 포착하고 공유한다'(Capturing and sharing the world's moments)라는 슬로건을 내걸고 2010년 출시됐다.

창업자는 스탠포드대 선후배 사이인 케빈 시스트롬과 마이크 크리거다.

2012년 4월, 10억달러에 페이스북에 인수되었다.

 텍스트 스캐너 [OCR]

  QR-CODE를 스캔하시면
[텍스트스캐너 OCR] 활용법에
대한 자세한 영상을 보실 수
있습니다

[텍스트 스캐너] 앱(App)은 이미지를 텍스트로 변환할 수 있습니다!

[텍스트 스캐너] 앱(App) 의 장점

▶ 책이나 브로셔에 있는 내용을 촬영하여 바로 텍스트로 변환할 수 있습니다.

▶ 갤러리에 있는 사진에서 텍스트를 추출하여 자료로 활용할 수 있습니다.

▶ 칠판이나 화이트 보드에 적힌 메모를 텍스트로 변환하고 공유할 수 있습니다.

[텍스트 스캐너] 앱(App)의 활용

▶ 외부 자료를 활용해서 보고서를 만들 때 유용합니다.

▶ 화이트보드에 적힌 회의 내용을 텍스트로 변환하여 정리합니다.

▶ 책에 있는 좋은 내용을 텍스트로 발췌하여 공유합니다.

▶ 칠판에 있는 내용을 촬영하여 텍스트 편집을 통해 수정하거나 추가할 수 있습니다.

스마트폰 용어 정리

트위터(twitter)

2006년 7월 서비스를 시작한 트위터는 블로그의 인터페이스에 미니 홈페이지의 '친구맺기' 기능, 메신저의 신속성을 갖춘 소셜 네트워크 서비스(SNS)로서, 관심 있는 상대방을 뒤따르는 '팔로 (follow)'라는 독특한 기능을 중심으로 소통한다.

이는 다른 SNS의 '친구맺기'와 비슷한 개념이지만 상대방이 허락하지 않아도 일방적으로 '뒤따르는 사람' 곧 '팔로어(follower)'로 등록할 수 있는 점이 가장 큰 차이점이다.

웹에 직접 접속하지 않더라도 휴대전화의 문자메시지(SMS)나 스마트폰 같은 휴대기기 등 다양한 방법을 통하여 글을 올리거나 받아볼 수 있으며, 댓글을 달거나 특정 글을 다른 사용자들에게 퍼트 릴 수도 있다.

트위터란 '지저귀다'라는 뜻으로, 재잘거리 듯이 하고 싶은 말을 그때그때 짧게 올릴 수 있는 공간 이다. 한 번에 쓸 수 있는 글자수도 최대 140자로 제한되어 있다.

[Play스토어]에서
[텍스트 스캐너]를 검색하여
설치합니다.

[텍스트 스캐너] 실행을 위해
[열기]를 터치합니다.

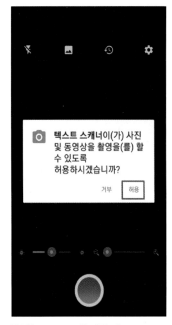

[텍스트 스캐너]가
사진 및 동영상을 촬영할 수 있
도록 [허용]합니다.

① [밝기]를 조절하는 기능
　입니다.
② [확대 및 축소] 기능입니다.
③ [촬영] 버튼입니다.
④ [조명] 기능입니다.

브로셔에 있는 내용을
[촬영]합니다.

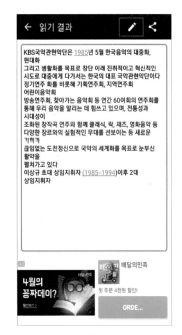

[텍스트 스캐너]가 텍스트로
변환된 읽기 결과를 보여주며,
수정을 위해 [편집] 버튼을
터치합니다

텍스트 편집이 끝나면
[저장]을 터치합니다.

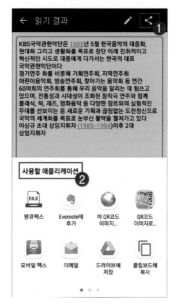

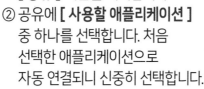

① 읽기 결과를 공유하기 위해
　　[공유] 버튼을 터치합니다.
② 공유에 [사용할 애플리케이션]
　　중 하나를 선택합니다. 처음
　　선택한 애플리케이션으로
　　자동 연결되니 신중히 선택합니다.

갤러리에 있는 사진을
[텍스트 스캐너]로 가져올 때
[갤러리]를 터치합니다.

[텍스트 스캐너]가 기기 사진,
미디어, 파일에 접근을 할 수
있도록 [허용]합니다.

원하는 [사진]을 선택합니다.

사진 내용이 텍스트로 변환
되어 읽기 결과를 보여 줍니다.
① 수정을 위해 [편집] 버튼을
　　터치합니다
② [공유] 버튼을 터치합니다.

[읽기 내역]을 터치합니다.

읽기 내역 중에서 필요 없는
기록 삭제를 위해 [편집]을
터치합니다.

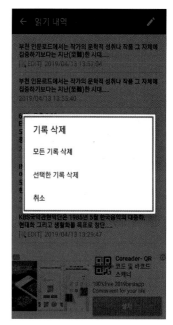

[모든 기록 삭제],
[선택한 기록 삭제], [취소] 중
원하는 것을 선택합니다.

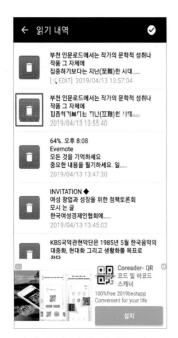

선택해서 읽기 내역을 지우고
자 할 때 [삭제] 버튼을
하나씩 터치합니다.

삭제한 읽기 내역이 지워졌습
니다.

[설정]을 터치하면 추가
정보를 확인할 수 있습니다.

 QR Droid Private

QR-CODE를 스캔하시면
[QR Droid] 활용법에
대한 자세한 영상을 보실 수
있습니다

[QR Droid] 앱(App)은 QR 코드를 생성하고, QR 코드를 읽고, 공유합니다.

[QR Droid] 앱(App) 의 장점

▶ 내 명함, 인터넷 주소, 연락처 등을 QR 코드로 만들 수 있습니다.
▶ QR 코드 색상, 사이즈, 로고, 프레임 등 다양한 디자인으로 QR 코드를 만들 수 있습니다.
▶ 제품의 QR 코드, 홍보물의 QR 코드를 스캔하여 관련 정보를 확인할 수 있습니다.
▶ 사진, 텍스트, 지도를 첨부하여 QR 코드를 만들 수 있습니다.

[QR Droid] 앱(App)의 활용

▶ 명함정보를 QR 코드로 만들어 인쇄하여 사용할 수 있습니다.
▶ 여러 형태의 홍보물이나 판촉물을 QR 코드로 만들어 마케팅 도구로 활용할 수 있습니다.
▶ 애완동물의 실종방지를 위해 QR 코드를 만들어 목걸이나 팔찌에 활용할 수 있습니다.

스마트폰 용어 정리

핀터레스트(Pinterest)
벽에 물건을 고정할 때 쓰는 핀(Pin)과 '관심사'를 뜻하는 인터레스트(Interest)의 합성어인 핀터레스트는 온라인에서 자신이 관심 있는 이미지를 핀으로 콕 집어서 포스팅하고, 이를 페이스북이나 트위터 등 다른 소셜네트워크(SNS) 사이트와 연계해 지인들과 공유하는 이미지 기반 소셜네트워크 서비스다.
사무실 벽이나 냉장고 등에 할인 쿠폰, 마음에 드는 옷이나 가방 사진, 맛있는 음식의 레시피 등을 핀으로 고정해 놓는 소비자들의 일상생활에서 아이디어를 얻었다
유저 활동의 중심이 콘텐츠 생산이 아니라 수집에 있기 때문에, 핀터레스트엔 글을 쓰는 기능보다는 거의 모든 게 이미지 중심이다

[Play스토어]에서
[QR Droid Private]를 검색
하여 설치합니다.

[QR Droid Private]가
사진 / 영상 / 파일, 카메라
사용에 [동의]를 터치합니다.

[QR Droid Private]을
실행하기 위해 [열기]를 터치
합니다.

[시작하기]를 터치합니다.

화면의 기능 설명입니다.
① [도움말]입니다.
② [전후면 카메라 이용]입니다.
③ [플래시 켜기]입니다.
④ [추가된 기능 및 설정]입니다.
⑤ [눌러서 되돌아 감]입니다.

스캔하고 싶은 [QR 코드]를
기기에 갖다 대면 바로 인식합
니다.

QR 코드의 인식결과가 링크된
URL로 바로 연결합니다.

뒤로 가기를 누릅니다.
① URL로 열기, 공유, 정보,
　편집 등을 합니다.
② [미리 보기]를 합니다
③ [QR 코드]를 봅니다

QR 코드를 만들기 위해
[공유]를 터치합니다.

[내 명함]을 QR 코드로
만듭니다.

명함에 필요한 정보를 모두
기입하고 [생성버튼]를
누릅니다.

① QR 코드가 생성되었습니다.
② [더보기]를 터치합니다.

① [크기]를 터치합니다.
② 원하는 사이즈를 선택합니다

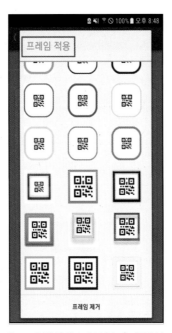

[프레임]을 터치한 후 원하는
프레임을 적용합니다.

[색상], [로고], [라벨]을
디자인 합니다.

완성된 QR 코드를 [공유]합니다.

원하는 것을 선택한 후
[링크 공유]를 합니다.

QR 코드를 생성하고 스캔한
[과거 기록]을 볼 수 있습니다.

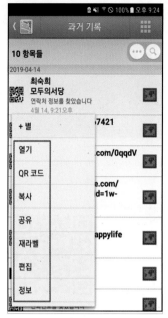

QR 코드를 생성하고 스캔을
진행한 [과거 기록]을 보여
줍니다.
목록의 중앙을 터치합니다.

과거 기록 목록에서도 직접
[정보]를 볼 수 있습니다.

연락처 정보가 보여집니다.

MEMO

25
SECTION
메모 앱(App)

 에버노트

QR-CODE를 스캔하시면
[에버노트] 활용법에
대한 자세한 영상을 보실 수
있습니다.

[에버노트] 앱(App)은 텍스트 노트와 음성메모, 각종 파일, 동영상, 웹 클리핑 등 모든 정보를 저장합니다.

[에버노트] 앱(App) 의 장점

▶ PC, 스마트폰, 태블릿 등 사용하는 모든 장치에서 자동 동기화 됩니다. (베이직은 2개 장치만 동기화)
▶ 저장해둔 아이디어, 사진, 스크랩한 페이지를 언제 어디서든 확인할 수 있습니다
▶ 모바일 장치의 Evernote 카메라를 사용해 청구서, 영수증, 명함을 촬영하여 보관합니다.
▶ 할일 목록을 체크리스트와 알리미 설정으로 관리합니다.
▶ 주제별로 노트북을 만들어 정리할 수 있고, 태그를 활용하여 쉽게 검색할 수 있습니다

[에버노트] 앱(App)의 활용

▶ 업무 플래너, 중요한 내용 메모, 정보수집 등 모든 것을 저장하고 검색할 수 있습니다.
▶ 회사 프로젝트를 협업하고 관리하고 공유할 수 있습니다.
▶ 일상 메모, 여행 등 체계적인 생활을 위한 플래너로 활용할 수 있습니다.

CHECK 리스트

[Play스토어]에서
[에버노트]를 검색하여
설치합니다.

[에버노트] 실행을 위해
[열기]를 터치합니다.

에버노트 사용을 위해
① [Google로 계속하기]를
　 터치 합니다. 또는
② 가입한 [이메일] 계정을
　 입력합니다.
③ [계속]을 터치합니다

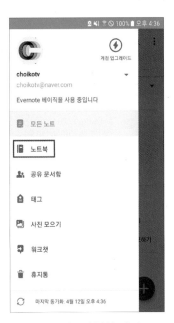

첫 번째 노트를 만들기 전에
[≡]를 터치하여 계정정보와
노트북을 미리 설정 합니다.

[노트북]을 터치합니다.
[노트북]은 노트들의 모음을
말하며, [폴더]와 같은 개념입니다

① 노트북을 만들기 위해 상단의
　 [노트북 모양]을 터치합니다.
② 원하는 새 노트북 [이름]을
　 입력합니다
③ [확인]을 터치합니다.

개인별 상황에 맞게 여러 개의
노트북을 만듭니다

첫 번째 노트를 만들기 위해
[+]를 터치합니다.

노트 작성시 알리미, 오디오,
첨부파일, 손글씨, 카메라,
텍스트 노트 등 다양한 기능이
있습니다.
[텍스트 노트]를 터치합니다.

에버노트가 동영상 촬영을 할 수
있도록 [허용]합니다.

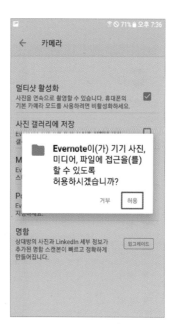

에버노트가 기기 사진, 미디어
파일에 접근을 할 수 있도록
[허용]합니다 .

① 텍스트 노트가 해당되는
   [노트북]을 선택합니다.
② 노트에 [알림 설정]이 필요
   하면 [시계 모양]을 터치
   하여 날짜를 설정합니다
③ 쉽게 검색이 가능하도록
   [태그]를 터치하여
   입력합니다.

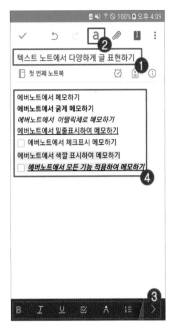

① 노트제목을 입력합니다.
② [a]를 터치합니다.
③ 진하게, 이탤릭체, 밑줄긋기,
　 체크박스, 형광색 등 [글자
　 모양속성]이 나타납니다.
④ 내용을 입력합니다.

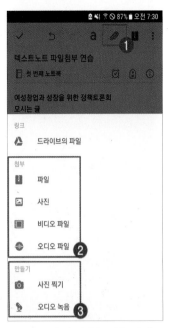

① 노트작성시 첨부할 것이
　 있으면 [클립]을 터치합니다.
② 이미 만들어진 파일이나
　 사진을 선택합니다. 또는
③ 사진 찍기, 오디오 녹음을
　 바로 할 수 있습니다.

다운로드 된 [파일]을 첨부
합니다.

첨부된 파일을 보기 위해
[⋮]를 터치합니다.

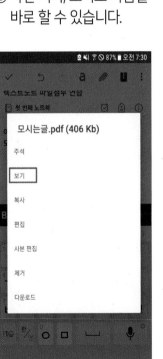

내용확인을 위해 [보기]를
터치합니다.

첨부된 파일내용을 확인합니다.

작성중인 노트에 사진을
첨부하고자 할 때
[**카메라 모양**]을 터치합니다.

카메라가 문서 영역을 자동
으로 캡쳐해 줍니다 수정할
것이 없으면 [√]를 터치합니다.

노트작성을 완료하기 위해
[√]를 터치합니다.

[**템플릿**]을 선택하여
텍스트 노트를 작성합니다.

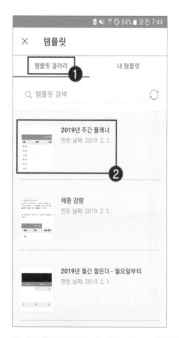

① [**템플릿 갤러리**]에는 다양한
템플릿이 있습니다.
② [**2019년 주간 플래너**]
템플릿을 선택합니다.

좌측 하단의 [**템플릿 적용**]을
터치합니다.

캡처 후 쓰기가 기기사진,
미디어, 파일에 접근할 수 있도록
[허용]합니다.

주간 플래너 템플릿이 노트
내용에 표시됩니다.

템플릿에 [날짜]와 [참고]
란에 내용을 기입합니다.

음성 녹음을 시작하기 위해
[오디오]를 터치합니다.

오디오 녹음을 할 수 있도록
[허용]합니다.

오디오 녹음이 끝나면
[정지버튼]을 터치합니다.

① 작성중인 노트에
[오디오 녹음]이 첨부
되었습니다.
② 노트작성을 완료하기 위해
[√]를 터치합니다.

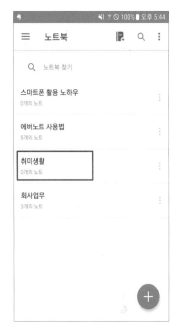

기존 노트북 이름을 바꾸고자
할 때는 [취미생활]을 [길게]
터치합니다.

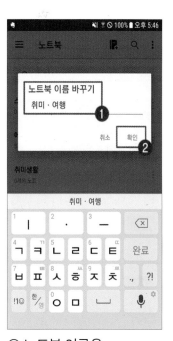

① 노트북 이름을
[취미. 여행]으로 바꿉니다.
② [확인]을 터치합니다.

노트북 이름이 [취미 . 여행]으로
변경되었습니다.

[≡]를 터치하여 설정을
확인합니다.

[설정]을 터치합니다.

[베이직]을 무료로 사용하고
있습니다.

① 베이직 사용에 대한
   [권한 안내]입니다.
② [프리미엄] 탭을 터치합니다

프리미엄 사용에 대한
[권한 안내]입니다.

1초 메모

QR-CODE를 스캔하시면
[1초 메모] 활용법에
대한 자세한 영상을 보실 수
있습니다.

[1초 메모] 앱(App)은 일상 생활 또는 업무 중에 손쉽게 사용할 수 있는 초간단 메모장입니다.

[1초 메모] 앱(App) 의 장점

▶ 메인 화면인 상태바에서 빠르게 액세스를 할 수 있습니다.

▶ 클라우드 서비스가 지원되어 어디서든 열람할 수 있습니다.

▶ 키보드와 음성을 사용하여 메모를 기록하고, 메모목록을 볼 수 있습니다.

[1초 메모] 앱(App)의 활용

▶ 사업 아이디어, 할 일들을 바로 메모하고 언제든지 열람할 수 있습니다.

▶ 상사의 지시 내용을 바로 메모하고 팀원들과 링크공유를 할 수 있습니다.

▶ 해야 할 일, 약속 등을 메모함으로써 잊지 않고 지킬 수 있습니다.

[Play스토어]에서
[1초 메모]를 검색하여 설치
합니다.

[1초 메모] 실행을 위해
[열기]를 터치합니다.

1초 메모가 자동으로 실행
되며 화면에 [메모상자]가
나타납니다

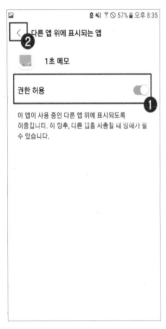

① 다른 앱 위에 1초 메모가
   표시 되도록 [권한 허용]을
   합니다.
② 메모를 위해 [<]를 터치합니다.

① 메모 입력창의 좌측 상단
   더보기 [:]를 터치합니다.
② [설정]을 터치합니다.

여러 계정의 클라우드
서비스로 1초 메모를 공유할
수 있습니다.
[에버노트 사용]을 터치합니다.

① [비밀번호]를 입력합니다.
② [로그인]을 터치합니다.

① [비밀번호]를 입력합니다.
② [로그인]을 터치합니다.

① 인증대상 기간은
   [1년]으로 설정합니다.
② [인증]을 터치합니다

클라우드 서비스 에버노트와
[계정 연결]이 되었습니다.

[1초 메모]를 터치하면
메모장이 열립니다.
메모장 하단에 [에버노트]가
표시되었습니다.

① [메모장]에 메모를 기록
   합니다.
② [√]를 터치하면 기록한
   메모가 저장됩니다.

① [1초 메모]를 터치한 후
키보드에서 [마이크]를
탭하면 음성으로 입력이
가능합니다.
② 클라우드에 저장하기 위해
[에버노트]를 터치합니다.

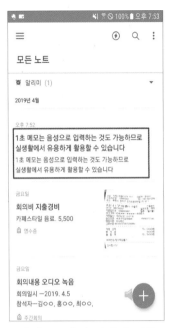

[에버노트]에 저장된 것을
확인할 수 있습니다.

메모지 색상을 변경하기 위해
[메모지 색상]을 터치 합니다.

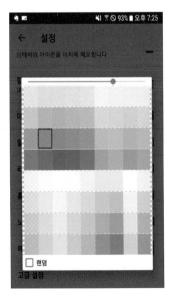

상태바의 아이콘에서
[분홍색]을 터치합니다.
랜덤을 체크하면 새로운 메모를
작성할 때마다 무작위로 메모지
색상이 바뀝니다.

메모지 색상이 [분홍색]으로
변경되었습니다.

[1초 메모]를 터치한 후
내용을 입력하고,
[√]를 터치하여 저장합니다.

설정에서 상태바의 아이콘를
표시하기 위해
[상태 알림영역에 표시]를
선택합니다.

① 스마트폰을 키며는
  마지막으로 편집한 메모
  표시가 [상태바]로 표시됩니다.
② 노트를 [추가]합니다.
③ [노트목록]을 보기 위해
  터치합니다.

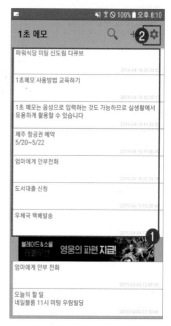

① 1초 메모의 [노트목록]이
  보여집니다
② [설정]을 터치합니다

[메모DB를 파일로 내보내기]를
터치합니다.

[링크 공유]를 위해 원하는
것을 선택합니다. 하루에
2GB까지 공유할 수 있습니다.

 **스피치노트**

QR-CODE를 스캔하시면 **[스피치 노트]** 활용법에 대한 자세한 영상을 보실 수 있습니다.

[스피치 노트] 앱(App)은 말로 하면 바로 글자로 바꾸어 줍니다.

[스피치 노트] 앱(App) 의 장점

▶ 로그인이나 회원 가입이 필요 없고, 마이크를 클릭하고 말을 하면 바로 화면에 글자가 나타납니다.

▶ 한번 마이크 버튼을 누르면 중간에 멈추는 일 없이 끝까지 음성을 문자로 변환할 수 있습니다.

▶ 키보드로도 입력, 수정할 수 있으며, 내용을 저장하고 다른 사람과 공유할 수 있습니다

▶ 한글뿐만 아니라 약 100여 개의 언어 설정이 가능합니다.

[스피치 노트] 앱(App)의 활용

▶ 생각나는 아이디어를 보다 상세히 말로 표현하여 기록할 수 있습니다.

▶ 책의 내용을 말로 표현할 수 있어 빠르고 쉽게 글을 쓸 수 있습니다.

▶ 여행 장소의 생생한 후기를 말로 기록하여 블로그에 쉽게 올릴 수 있습니다.

MEMO

[Play스토어]에서
[스피치노트]를 검색하여
설치합니다.

[스피치노트] 실행을 위해
[열기]를 터치합니다.

① [메모이름]을 표시합니다.
② [언어]를 선택합니다.
③ [키보드]로 입력을 선택합니다.
④ 키보드 [화면을 조정]합니다.
⑤ [마이크 아이콘]입니다.

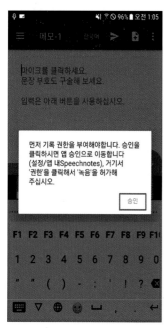

기록 권한을 부여하기 위해
[승인]을 터치합니다.

권한을 허용하기 위해
[권한]을 터치합니다.

[마이크]의 앱 권한을 설정
합니다.

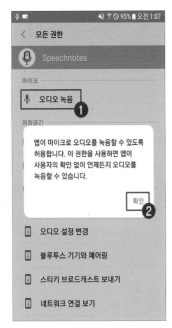

① [오디오 녹음]을 터치합
니다.
② 앱이 마이크로 오디오를
녹음할 수 있도록 허용을
[확인]합니다.

[저장공간]의 앱 권한을
설정합니다.

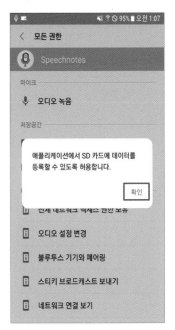

SD 카드에 데이터를 등록할 수
있도록 허용을 [확인] 합니다.

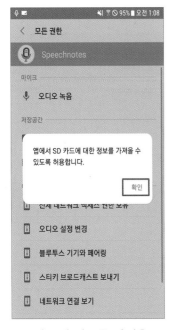

SD 카드에 정보를 가져올 수
있도록 허용을 [확인]합니다.

[메모이름]을 터치합니다.

① [메모이름]을 변경합니다.
② [완료]를 터치합니다.

메모를 하기 위해
[마이크모양]을 터치합니다.

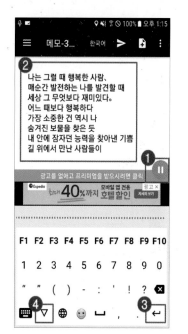

① [녹음 모양]으로 바뀌었습니다.
② 메모가 기록되었습니다.
③ 다음 줄에 메모를 기록하고자
   할 때 [줄 바꿈]을 터치합니다.
④ 메모 내용을 더 많이 보고자 할 때
   [화면 조정]을 터치합니다.

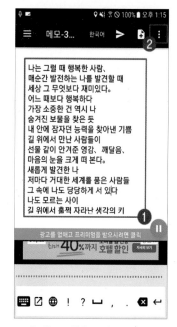

① [메모 내용]이 길게 표시
   됩니다
② 저장을 위해 [⋮]을 선택
   합니다.

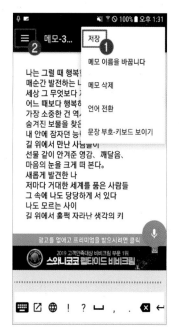
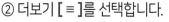

① [저장]을 터치합니다
② 더보기 [≡]를 선택합니다.

[앱 공유하기]를 터치합니다.

원하는 [링크공유]를 선택해
콘텐츠를 공유합니다.

더보기 [≡]를 선택한 후
[메모 열기]를 터치합니다.

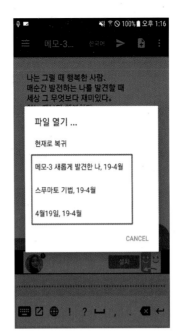

[메모 목록]이 나타납니다.

다른 언어로 메모하기 위해
[한국어]를 터치합니다.

언어선택으로 [English US]를
선택합니다.

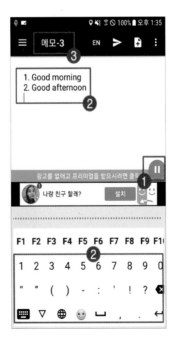

① [녹음 모양]으로 바뀌었
　습니다.
② 하단의 숫자와 줄 바꿈을
　이용하여 메모를 기록합니다
③ 메모 이름을 바꾸기 위해
　[메모-3]을 터치합니다.

① [메모 이름]을 바꿉니다.
② [완료]를 터치합니다.

유용한 앱(App)

26강. 유용한 앱(App)

26

SECTION

유용한 앱(App)

🖥 자서전 쓰기 앱(App) 활용하기-인생락서

QR-CODE를 스캔하시면 [인생락서] 활용법에 대한 자세한 영상을 보실 수 있습니다.

[인생락서] 앱(App)은 인생에서 즐거웠던 순간들을 기록하는 일기장, 추억의 낙서장같은 것으로 어린시절 얘기, 학창시절 추억, 남기고 싶은 말들을 쉽게 작성할 수 있도록 해서 자기만의 자서전 작성을 할 수 있습니다.

[인생락서] 앱(App)의 장점

▶ 쉬운 글쓰기 가이드를 제공하여 줍니다. – 제시한 주제에 대한 질문에 답하기만 하면 글이 이야기로 됩니다.

▶ 간편하고 다양하게 글을 쓰고 꾸밀 수 있습니다. – 자판 글쓰기, 음성녹음, 받아쓰기 (음성을 문자로 변환), 사진과 동영상 올리기

▶ 일기 형식으로 글쓰기를 합니다.

▶ 나만의 영상앨범을 만들고 공유할 수 있고 저장한 글과 영상으로 간편하게 책을 만들 수 있습니다.

사용자별 [인생락서] 앱 활용

▶ 나와 가족의 소중한 추억들을 기록하고 공유하고 공감할 수 있습니다.

▶ 일상을 일기형식으로 기록하고 공유하고 공감할 수 있습니다.

▶ 여행등의 삶의 순간들을 사진과 영상으로 기록하고 공유할 수 있습니다.

▶ 주제별 추천스토리로 다양한 글을 공유하고 교감할 수 있습니다.

▶ 저장된 글과 사진으로 필요에 맞게 자서전등의 책을 간편하게 만들고 판매할 수 있습니다.

ⒸⒽⒺⒸⓀ 리스트

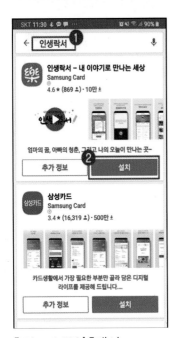

[Play스토어]에서
① [인생락서]를 검색하여
② [설치]합니다 .

[인생락서] 실행을 위해
[열기]를 터치합니다.

사진, 미디어, 파일에
[인생락서] 가 접근할 수 있도록
[허용]합니다.
① 터치하면 이벤트 상황을 알 수
   있습니다.
② 터치하여 회원 가입을 합니다.

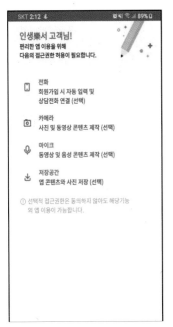

앱의 접근 권한허용을 위해
[확인]을 터치합니다.

[로그인] 화면입니다.
원하는 방법을 터치하여 시작
합니다.

① 터치하여 가입인사를 할 수
   있습니다.
② 원하지 않을 경우 터치합니다.

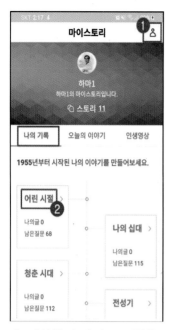

① 터치하여 나의 프로필을
　작성합니다.
② [나의 기록]의 [어린 시절]을
　터치합니다.

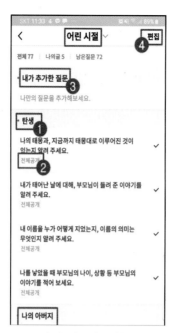

① 주제별 질문을 터치하여 답을
　합니다.(여러 방법을 이용)
　사진, 영상을 올릴수 있습니다.
② 터치하여 공개설정을 합니다.
③ 항목의 없는 질문을 추가로
　작성할 수 있습니다.
④ 작성한 내용을 편집할 수 있습니다.

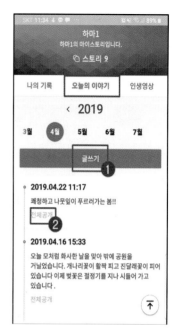

[오늘의 이야기]를 터치합니다.
① [글쓰기]를 터치하여 글을
　작성합니다. 텍스트, 녹음,
　받아쓰기 방법으로 가능하며
　사진과 영상을 올릴 수 있습니다
② 공개설정을 합니다.

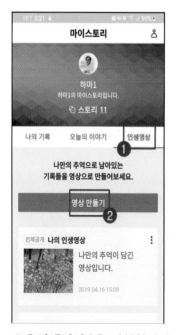

① [인생영상]을 터치합니다.
② [영상만들기]를 터치합니다.

① [영상설정]의 제목, 소개글,
　배경음악, 공개설정을 합니다.
② [다음]을 터치합니다.

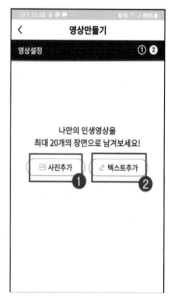

① [사진 추가] 터치하면
　갤러리로 이동합니다.
② [텍스트추가]를 터치하면
　글을 작성할 수 있습니다.

갤러리에서 선택한 사진들을
보여줍니다. 사진을 위, 아래로
드래그해서 순서변경이 가능합니다.

① 터치하면 영상의 대표사진
설정, 사진별 자막 작성과
사진삭제가 가능합니다.
② 텍스트까지 다 작성이 되면
[등록]을 터치합니다.

인생 영상 첫 회면에 등록된
영상을 보여줍니다.
영상 옆의 [점3개]를 터치하면
영상의 수정, 공개설정,
다운로드, 삭제가 가능합니다.

MEMO

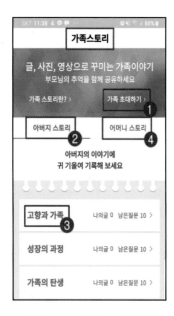

[가족스토리]를 터치합니다.

① 회원으로 가입한 가족을 초청
  해서 공유할 수 있습니다.

② **[아버지 스토리]**를 터치합니다.

③ 주제별로 터치해서 질문에
  답을 합니다.여러 방법으로 작성
  가능하며 사진과 영상을 올릴 수
  있습니다.

④ **[어머니 스토리]**도 동일한
  방법으로 작성합니다.

① **[공감스토리]**를 터치합니다.

② **[함께하는 공감]**은 주제별로
  분류되어 터치해서 글을 검색
  할수 있습니다.

③ **[모두의 스토리]**는 전체글 을
  최신순으로 보여주며 또한 작성자
  내용별로 검색하여 볼 수 있습니다.

① 선택하여 읽은 글의 댓글이
  보여집니다.

② 댓글작성, 좋아요,공유를 할
  수 있습니다.

MEMO

[더보기]를 터치합니다.

① 터치하면 받은 알림을
   확인할 수 있습니다.
② 터치하면 [앱 설정]으로
   이동합니다.

필요한 사항을 선택하여 설정
합니다. 특히, 여기서 친구/가족
요청.수락을 설정해야 메뉴에서
요청,수락이 가능합니다.

① 회원의 친구, 가족을 검색하고
   차단할 수 있습니다.
② 회원간의 쪽지를 쓰고 받거나
   보낸 쪽지를 볼 수 있습니다.
③ 활동에 따라 뱃지를 획득할 수
   있습니다.
④ 이벤트 상황을 보거나 참여 할 수
   있습니다.

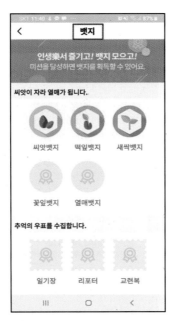

활동성과에 따라 단계별로
획득한 뱃지를 보여줍니다.

터치하면 친구, 가족을 카톡으로
초대할수 있습니다.

[마이스토리]또는
[가족스토리]에서 [책 만들기
서비스]를 터치합니다.
그동안 작성하여 저장한 글과
사진으로 자서전과 같은 책을
간편하게 만들 수 있습니다.

화면을 위로 드래그하며 내용을
확인할 수 있습니다.
내가 쓴글을 책으로 만드는
내용과 과정을 보여줍니다.

주문형 출판(POD)이란 고객의
주문에 따라 책으로 만드는
맞춤형 소량 출판 시스템을
말합니다. [인생락서 회원전용
책 만들기]를 터치합니다.

[책만들기]를 터치합니다.

[책만들기]는 교보문고 회원
가입을 하고 로그인을 해야
가능합니다. [확인]을 터치합니다.

교보문고 회원을 가입하고
[로그인]을 터치합니다.

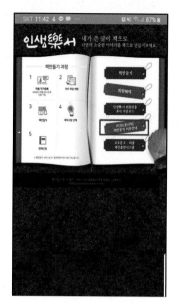

[POD(종이책) 책만들기 이용안내]를 터치합니다.

책 만들기 서비스 이용 절차를 보여줍니다. 퍼플작가등록, 원고를 PDF 파일로 변환, 책만들기, 제작 사양선택, 판매신청을 절차에 따라 입력하고 터치를 합니다.

[교보문고 – 퍼플 개인 출판 시스템]을 터치합니다. 교보문고 온라인의 POD 도서 화면을 보여줍니다. POD도서를 검색하고 구매 신청을 할 수 있습니다.

 교통 앱(App) 활용하기-지도

QR-CODE를 스캔하시면 **[네이버지도]** 활용법에 대한 자세한 영상을 보실 수 있습니다.

[네이버지도] 앱(App)은 주변 정보와 대중교통, 내비게이션을 편리하게 사용할 수 있습니다!

▶ 장소, 버스, 지하철, 주소 등의 모든 정보를 검색창 하나로 검색할 수 있습니다.
▶ 홈에서 바로 주변 정보와 대중교통, 내비게이션을 편리하게 사용 할 수 있습니다.

사용자별 [네이버지도] 앱 활용

▶ 장소, 버스, 지하철, 주소 등의 모든 정보를 검색창 하나로 검색할 수 있습니다.
▶ 홈에서 바로 주변 정보와 대중교통, 내비게이션을 사용 할 수 있고 실시간 정보를 알 수 있습니다.
▶ 사용자의 위치를 중심으로 주변 맛집, 장소를 쉽게 탐색하고, 장소 검색 및 길찾기를 할 때 거리뷰와 항공뷰로 가고 싶은 장소를 미리 확인할 수 있습니다.
▶ 출발할 날짜와 시간을 설정하여 심야버스를 포함한 최적경로와 도착시간을 확인할 수 있습니다.

① [Play스토어]에서
   [네이버지도] 검색 후
   설치를 합니다.
② [열기]를 터치합니다.

사용 설명서가 보여집니다.
좌로 드래그하여 페이지를 넘긴 후
마지막 페이지에 [시작하기]를
터치합니다.

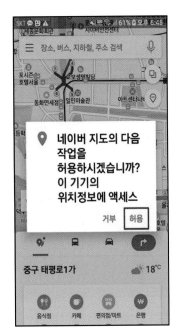

네이버 지도는 위치정보가 필수
이므로 [허용]을 터치합니다.

[네이버지도] 첫 화면은
지도로 시작됩니다.
① 현재 내 위치가 표시됩니다.
② 사용자가 가고자 하는 목적지를
   검색합니다.

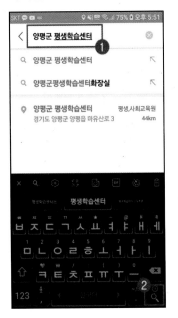

① 목적지를 입력합니다.
② 돋보기 아이콘을 터치합니다.

① 도착지의 주소와 지도가
   보여집니다.
② 출발지가 현재 있는 곳이라면
   위치정보에 의해 자동으로
   지정되며 현재 위치와 다른
   출발지라면 새로 입력합니다

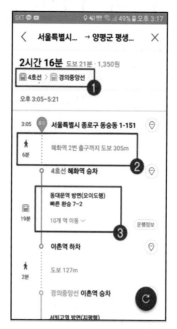

① 출발지와 도착지가 보여
  집니다.
② 대중교통, 자가용, 도보, 자전거등
  이동수단별로 소용되는 시간이
  보여집니다.
③ 최소 시간 이동 구간으로 터치합니다.

① 어떤 교통편으로 이동하는지
  보여집니다.
② 도보시 몇m쯤 걸어야 하는지
  보여집니다.
③ 빠른 환승부터 몇 정거장을
  이동해야 하는지 알려줍니다.

차량이 이동 못하는 마지막
목적지까지 도보로 찾아갈
수 있도록 자세히 안내합니다.
지도를 크게 작게 자유롭게
볼 수 있습니다.

 카카오 T

QR-CODE를 스캔하시면
[카카오 T] 활용법에 대한
자세한 영상을 보실 수
있습니다.

[카카오 T] 앱(App)은 빠르고 간편한 택시 호출을 할 수 있습니다!

[카카오 T] 앱(App) 활용

▶ 카카오 T는 택시는 물론 주차, 대리운전, 내비게이션, 카풀 등을 편리하게 이용할 수 있습니다.

▶ 실시간 교통 정보 기반으로 빠르고 정확하게 길을 안내합니다.

▶ 카드등록 한번으로 주차, 대리이용 요금을 결제할 수 있습니다.

① [Play스토어]에서
　[카카오 T]검색 후 설치를
　합니다.
② [열기]를 터치합니다.

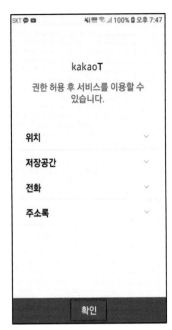

[확인]을 터치합니다.

앞서 위치, 저장공간, 전화,
주소록의 권한 허용을 위해
4번의 [허용]을 터치합니다.

[카카오계정으로 시작하기]를
터치하여 진행합니다.

인증 절차를 위해 [확인]를
터치합니다.

[보내기]를 터치하여 인증번호
받기를 합니다.

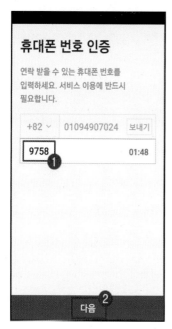

① 인증번호를 확인합니다.
② [다음]을 터치합니다.

① 모범택시 개념으로 예약가능,
　요금은 일반의 2배수준 입니다.
② 같은 방향으로 가는 차량을 찾아
　함께 타고 갈 수 있는 서비스.
　(현재는 중지 상태)
③ 자가 차량 사전등록, 대리기사 호출 서비스
④ 카카오와 계약된 가장 가까운
　주차장 안내

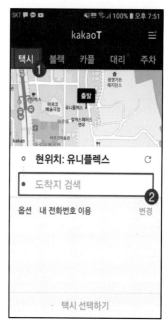

① 택시 호출을 위해 터치합
　니다.
② 도착지 검색을 위해 터치합
　니다.

① 도착지 주소를 입력합니다.
② 돋보기 아이콘을 터치합니다.

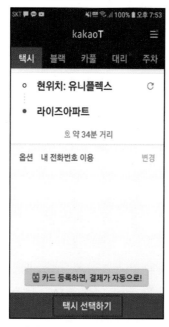

[택시 선택하기]를 터치합니다.

[일반 호출]을 터치합니다.

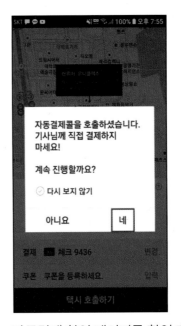

① 대략 예상되는 금액을 먼저 결재 후 도착하여 재 결재 하는 시스템입니다.

자동결제 확인 메시지를 확인 후 [네]를 터치합니다.

카카오 택시 호출이 되었습니다.

② 결제 카드는 카카오페이에 등록된 카드로 결재 됩니다.

③ [택시 호출하기]를 터치합니다.

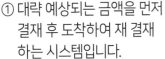 사기피해방지 어플 활용하기-더치트

QR-CODE를 스캔하시면 [더치트] 활용법에 대한 자세한 영상을 보실 수 있습니다.

[더치트] 앱(App)은 대한민국 금융사기 피해 방지 플랫폼 서비스입니다.

[더치트] 앱(App)의 장점

▶ 금융사기, 스팸 연락처(Caller ID)에 대한 사기 행위와 판매자의 연락처, 계좌정보, 아이디 등을 검색하여 피해를 방지할 수 있습니다.

▶ 사기피해 대응방법 및 검거 소식 등을 안내 받을 수 있습니다.

▶ 자동검색 기능 허용 시 금융사기, 스팸 전화, SMS로부터 보호 받을 수 있습니다.

▶ 인터넷 사기, 보이스피싱 등의 금융사기 피해를 방지할 수 있습니다.

▶ 중고나라, 번개장터, 헬로마켓, 당근마켓 등 중고거래 시, 사용하시면 인터넷 사기 예방에 도움이됩니다.

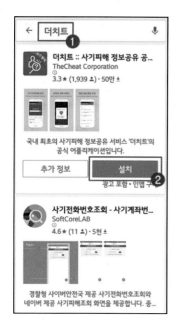

① [Play스토어]에서
　[더치트]를 검색하고,
② [설치]를 터치합니다.

① [더치트] 앱이 설치 된
　것을 알 수 있습니다.

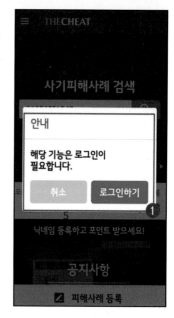

① [로그인하기]를
　터치합니다.

이메일, 비밀번호 등을 간단
하게 입력하고,
① [회원가입]을 터치합니다.

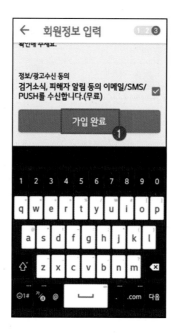

회원가입 후 ① [가입완료]를
터치합니다.

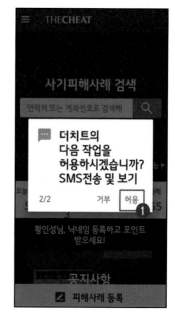

① [허용]을 터치합니다.

추가 권한 설정 안내가 나오면
① [권한]을 터치합니다.

① [사진]을 등록합니다.
② [프로필]을 등록 합니다.

① [전화번호]를 입력합니다.

전화번호를 입력하면 피해사례에
대한 결과를 알 수 있습니다.
① [피해사례 등록]을 터치합니다.

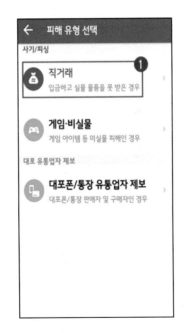

① [직거래]를 터치하면
사이트명, 거래 물품 종류,
용의자 아이디를 등록할 수
있습니다.

관할 경찰서가 안내가 나오면,
확인하고
① [완료]를 터치하면 됩니다.

 경찰청사이버캅

QR-CODE를 스캔하시면
[경찰청사이버캅] 활용법에 대한
자세한 영상을 보실 수
있습니다.

[경찰청사이버캅] 앱(App)은 전화나 문자가 오면 인터넷 사기 범죄에 이용된 번호인지 화면에 표시되도록 해, 거래 전 상대방의 신뢰를 확인 할 수 있습니다.

[경찰청사이버캅] 앱(App)의 장점

▶ 전화나 문자가 오면 인터넷 사기 범죄에 이용된 번호인지 화면에 표출하여, 거래 전 상대방의 신뢰도를 확인 가능합니다.

▶ 인터넷으로 물품을 거래 할 때, 판매자의 계좌번호나 전화번호가 인터넷 사기에 이용된 번호인지 검색 기능을 제공합니다.

▶ 최신 이슈를 이용해 국민을 현혹하는 신종 범죄에 대한 내용을 신속하게 국민과 공유함으로써 피해 예방해줍니다

▶ 카카오톡, 문자 등에 포함된 URL 메시지 연결시 스미싱 및 악성앱에 대한 정보를 제공. 제공 합니다.

▶ 거래과정에서 상대방으로부터 받은 안전거래 사이트가 가짜 사이트인지 여부도 확인할 수 있습니다.

▶ 신규 스미싱 수법 경보령 등 사이버범죄 피해 예방을 위한 공지사항을 Push 방식으로 제공 합니다.

MEMO

[Play스토어]에서
[경찰청 사이버캅]을 검색하고
① [설치]를 터치 합니다.

① [경찰청 사이버캅] 앱이
   설치 된 것을 알 수 있습니다.

① [허용]을 터치합니다.

① [확인]을 터치합니다.

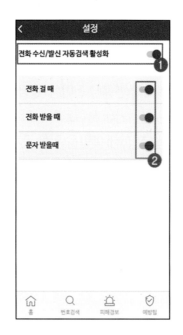

① [전화수신 / 발신 자동검색
   활성화]를 허용합니다.
② [전화걸때/ 받을때 / 문자
   받을때]를 허용합니다.

① [전화번호]를 입력합니다.
② [검색 결과및 내역]을 터치
   하면,
③ [검색결과]에서 사기관련,
   민원이 접수되었는지 확인할
   수 있습니다.

📟 건강정보

QR-CODE를 스캔하시면 **[건강정보]** 활용법에 대한 자세한 영상을 보실 수 있습니다.

[건강정보] 앱(App)의 장점 및 활용

▶ '건강보험심사평가원'의 주요 기능을 스마트폰에서 사용할 수 있도록 서비스를 제공하는 앱입니다.

▶ 손쉬운 병원 찾기 : 병원 정보및 진료가능한 분야, 병원평가 정보,병원조건 검색에 따라 진료기관의 정보와 위치를 지도를 기반으로 제공해 줍니다.

▶ 손쉬운 약국 찾기 : 주변의 약국 정보와 위치를 지도를 기반으로 제공해 줍니다.

▶ 병원평가 정보 제공 : 진료기관의 다양한 진료내역에 대해 평가한 정보를 제공합니다.

▶ 내가 먹는 약 알아보기 : 내가 먹는 약에 대한 다양한 정보를 제공하여 줍니다.

▶ 건강보험 급여기준에 대한 정보와 병원별 비급여 정보,비급여 확인신청을 할 수 있습니다.

▶ 병원마다 다른 비급여 진료비 정보를 조회할 수 있습니다.

MEMO

[Play스토어]에서
[건강정보]를 검색하여
설치합니다.

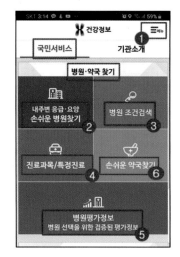

[건강정보] 홈 화면입니다.
① [☰]는 나열식 메뉴
② 지도 기반의 [손쉬운병원 찾기]
③ 병원조건, 특정 분야별 검색
④ 는 진료과목 특정 진료별로 검색
⑤ 검증된 분야별 평가정보를
　 검색하고 선택할 수 있습니다.

홈화면에서 ① [☰]를 터치한
나열식 메뉴 화면입니다.
즐겨찾기 에 자주 보는 메뉴를
추가할 수 있습니다.
[+]를 터치하면 하위 메뉴가
보여집니다.

홈 화면에서 [손쉬운 병원찾기]는
지도기반의 메뉴를 보여 줍니다.
①은 진료과목,특정진료별로 검색
②는 응급병원,야간병원, 요양병원을
　 선택하여 검색할 수 있습니다.
③ 원하는 지점의 병원을 터치하면
　 병원이름이 표시되며 ,터치하면
　 [목록]의 그 병원 정보를 볼 수
　 있습니다.
⑤ [목록]은 병원리스트를 볼 수
　 있습니다.

① 지도상의 병원 지점을 터치
　 하거나 목록의 병원을 터치
　 하면 해당 병원의 정보에
　 테두리가 보입니다
② 터치하면 그 병원의 상세
　 정보와 바로 전화를 할 수
　 있습니다.
③ 병원을 선택하고 터치하면
　 길 찾기 메뉴로 전환됩니다.

① 승용차의 경로와 소요
　 시간을 보여 줍니다.
② 대중교통의 경로와 소요
　 시간을 보여 줍니다.
③ 터치하면 내비게이션메뉴로
　 전환되어 안내를 시작합니다.

① 홈 화면에서
   [손쉬운 약국찾기]를
   터치합니다.

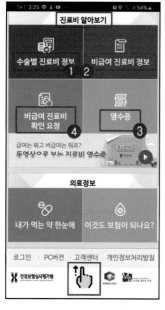

① 지도상의 주변의 원하는
   약국지점을 터치합니다.
② 그지점의 약국이름이 보여
   지고 터치하면 [목록]의
   정보로 보여집니다.
③ [목록]의 리스트의 약국을
   터치하면 테두리가 보여집니다.
④ 터치하면 [길찾기] 메뉴에서
   교통편과 내비게이션을 이용할 수
   있습니다.

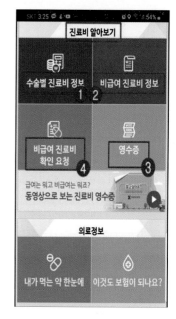

홈화면에서 위로 드래그하면
[진료비 알아보기] 화면을
볼 수 있습니다.

① [수술별 진료비 정보]를
   터치합니다.
   주요 수술에 대한 병원별
   평균 진료비용및 입원일수
   정보가 제공됩니다.
   수술 진료비는 공단 부담
   금과 본인부담금을 합한
   금액입니다.

② [비급여 진료비 정보]를 터치합니다. 건강보험이 적용되지 않는
   본인의 전액 부담금이며 병원별 항목별로 조회할 수 있습니다.
③ 영수증을 촬영하여 보관하거나 등록할 수 있습니다.
④ [비급여 진료비 확인 요청]은 병원등에서 진료를 받고 지불한
   비급여(전액본인 부담금 포함) 진료비용이 건강보험(의료급여)에
   해당되는지 여부등을 확인할 수 있습니다.

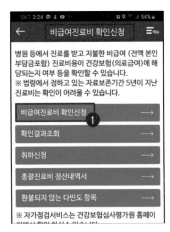

홈 화면에서 **[비급여 진료비 확인 요청]**을 터치합니다.
① **[비급여 진료비 확인신청]**을 터치합니다.
지불한 비급여 진료비용이 건강보험에 해당되는지 여부를 확인 신청 할 수 있습니다.

진료내역은 중요한 개인정보로 공인인증을 하여야 합니다.
세가지 방법중에서 선택하여 본인 인증을 합니다.

① 본인의 주민등록번호를 기재합니다.
② 정보수집및 이용에 대한 동의를 합니다.
③ **[공인인증서 인증]**을 하고 확인 요청서를 작성은 신청목록을 확인할 수 있습니다.

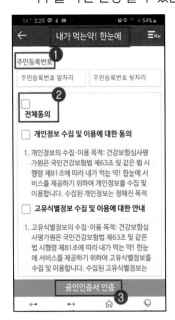

홈 화면에서 **[내가 먹는 약 한눈에]**를 터치합니다.
① 주민등록번호를 기재합니다.
② 정보수집및 이용에 대해 동의 합니다.
③ **[공인인증서 인증]**을 진행 합니다.

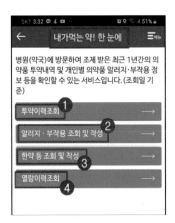

① **[투약 이력조회]**를 터치 하면 본인의 투약이력을 조회할 수 있습니다.
② 터치하면 본인의 알러지. 부작용 조회 및 등록을 할 수 있습니다.
③ 터치하면 한약 등 조회 및 등록을 할 수 있습니다.
④ 요양기관에서 본인의 정보를 열람한 이력을 조회할 수 있습니다.

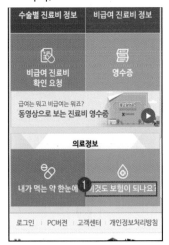

① 홈 화면에서 **[이것도 보험이 되나요?]**를 터치합니다.
건강보험 급여 기준에 대한 심사기준 정보,자주 질문하는 항목 등을 조회할 수 있습니다.

그 외 유용한 앱(App) 간략 소개

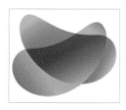

[건강 IN - 국민건강보험공단]

▶ 본인이나 영유아의 건강검진대상자 여부를 확인할 수 있고 건강검진 종류별로 사용자 위치정보를 활용하여 내 주변의 검진기관 및 병의원의 진료시간 등 편익 정보를 알 수 있습니다.

▶ 나의 건강상태를 측정,기록,관리할 수 있으며, 인공지능을 통한 당뇨 병 예측을 할수 있습니다.

▶ 국민건강알람서비스를 통해 시.도, 시.군.구별 주요 질병(감기 / 눈병 / 식 중독 / 천식 / 피부염)의 발생을 예측하여 위험도와 생활수칙정보를 알 수 있습니다.

[의약품 검색 – 약학정보원]

▶ 국내 모든 약(45,781품목의 의약품 정보 및 17,236품목의 식별표시 정보)를 검색할 수 있습니다.

▶ 의약품 낱알을 식별할 수 있도록 제형(정제, 경질 캡슐, 연질 캡슐), 모양 (원형, 사각형, 마름 모형 등), 색상(하양, 노랑, 파랑 등)으로 약을 검색할 수 있습니다.

▶ 약물.음식 상호작용, 질병정보, 가슴통증.뇌졸중.뱀에 물렸을때등 상황 별 응급 처치와 독극물 응급처치를 알 수 있으며, 임신중 약물사용정보 를 알수 있습니다.

[삼성 헬스 – 각종 운동과 식단관리, 수면습관까지 관리해줍니다]

▶ 매일의 운동과 활동내역,식단,수면을 기록하고 관리하여 성공적인 다이어트와 건강한 라이프 스타일을 만들어 줍니다. 휴대폰 없이 운동했을 경우 입력모드 에서 직접 입력할 수 있습니다.

▶ 만보기,달리기,자전거 등과 다양한 운동 기록 및 관리,수면패턴을 기록 관리 해 줍니다.

▶ 칼로리 정보를 이용한 식단 기록관리 기능으로 체력 증진 및 다이어트에 효과적 입니다.

▶ 스마트폰에 내장된 센서를 이용하여 심박수,산소포화도,스트레스수치를 직접 측정하여 건강 상태를 확인 관리할 수 있습니다.

▶ 주간의 운동 및 식단 기록 상황을 분석하여 나에게 맞는 조언을 해줍니다.

[등산시계-메인 화면에서 모든 정보를 확인할 수 있습니다]

▶ 등산시계 (Mountain Watch) 앱은 산악용 시계를 본따서 만들어진 어플입니다.

▶ 화면 상단에 날씨와 온도, 습도, 풍속, 일몰 / 일출시간을 표시합니다.

▶ 가운데 코어 부분에서 현재시간 / 나침반 / 기압-고도 / 속도 정보를 표시합니다.

▶ 코어 아래 부분에 지역명과 달의 형상을 구현한 문페이즈가 표시됩니다.

[트랭글 – 운동 기록을 공유하는 회원제 서비스 입니다]

▶ 운동량을 측정하고 운동 성과에 따라 다양한 보상을 주는 게임같은 운동앱
  입니다.
▶ 트랭글 사용자와 운동경험을 공유하고 즐길 수 있습니다.
▶ 전국 등산로와 음성 내비게이션이 제공됩니다.
▶ 등산 종주 인증,자전거 국토 종주 인증,둘레길 완보 인증을 해줍니다.
▶ 친구 위치 공유와 클럽기능을 할 수 있습니다. (클럽내 트랭글 톡 무전기능)

[LG 헬스]

▶ 하루 건강 노트와 팁으로 나를 위한 맞춤정보를 받아 볼 수 있습니다.
▶ 일반 모드 : 일상생활에 가벼운 운동만 하는 비 활동적 타입을 위한 운동 정보가
  제공됩니다.
▶ 프로 모드 : 일상생활에 적극적으로 운동을 하는 활동적인 타입을 위한 운동
  정보가 제공되며 운동 유형과 강도를 24시간,주간으로 분석하여
  그래프로 보여 줍니다.

[런키퍼 – 피트니스 활동을 추적하며 즐길 수 있습니다]

▶ 활동유형을 GPS 모드와 스톱워치 모드로 선택할 수 있습니다.
▶ 운동은 달리기, 걷기, 수영, 자전거등 다양하게 선택할 수 있습니다.
▶ 저장된 음악을 선택하여 들으수 있습니다.
▶ 운동 진행상황을 시간,거리별로 설정에 따라 음성으로 알려 줍니다.

[한국 감정원 부동산 정보-국민 맞춤형 종합 부동산 서비스]

▶ 약 30종의 정보와 8억건의 부동산 관련 데이터를 탑재하고 있으며, 하루 평균
  1천여건의 나운로드, 일평균 열람건수는 평일 20만건, 주밀 70만건에 달합니다.
▶ 지도기반 검색 기능으로 모든 주거용 부동산을 한눈에 살펴 볼 수 있습니다.

[스마트 국토정보]

▶ 부동산 정보 검색에서는 토지 및 건물에 대한 정보를 제공하며, 현재 지도 위치를
  기반으로 주택 관련 실거래가 정보를 함께 제공합니다.
▶ 국토 이용 현황 분석은 각 지역별 토지, 건축물, 거주자, 중개업자 정보를 분석 하여
  제공하며, 국토 통계에서는 관심도가 높은 주요 통계 15종에 대한 정보를 제공합니다.

[토지이용규제 내비게이터]

▶ 토지이용 규제정보서비스는 전국의 지역·지구 지정 현황 및 행위제한내용을
  열람할 수 있습니다.
▶ 토지이용규제정보서비스는 모바일 웹브라우저를 통해서도 이용할 수 있습니다.
  접속URL : http://luris.molit.go.kr

[국가법령정보]

▶ 법제처에서 법령, 판례 등 우리나라의 모든 법령정보를 스마트폰에서 한번에 통합 검색할 수 있는 서비스로 언제어디서나 다양한 법령정보를 무료로 쉽고 편리하게 검색할 수 있습니다.

▶ 이 서비스는 법제처가 지속적으로 추진하고 있는 "국가법령정보 통합검색 서비스 사업"의 하나로 추진하고 있습니다.

▶ 국가법령정보센터 : www.law.go.kr

▶ 법제처 : www.moleg.go.kr   ▶ 생활법령정보 : oneclick.law.go.kr

[인터넷 등기소]

▶ 대법원 인터넷등기소 홈페이지에서 제공하고 있는 주요 서비스를 스마트폰에서도 편리하게 이용할 수 있습니다.

▶ '등기신청사건처리현황', 'e-Form신청처리내역조회' 메뉴에서는 신청사건의 현재 처리현황을 확인할 수 있습니다.
'발급여부 확인' 메뉴에서는 등기사항 증명서의 발급 사실 여부를 확인할 수 있으며 '등기소 검색'메뉴에서는 등기소 관할구역 및 위치정보를 확인할 수 있습니다.

[인허가 자가진단]

▶ 행정안전부에서 시민들의 편리한 생활을 위하여 [인허가 자가진단] 어플리케이션의 대상지역을 전국으로 확대되었습니다.

▶ 인허가자가진단은 법제도 안내와 각종 행정정보(GIS, 건축물관리대장 등)를 연계하여 민원인이 인허가 가능 여부를 스스로 확인할 수 있는 서비스입니다.

[소상공인 마당]

▶ 상권정보, 지원 알리미(푸시 서비스), 전통시장을 통합한 앱을 보다 쉽고 편리하게, 소상공인 필수정보를 손안에서 확인할 수 있습니다.

▶ 위치정보서비스를 이용하여 살고 있는 또는 알고 싶은 지역과 업종을 선택하면, 지역기반의 빅데이터 분석을 통해 명확하고 정확한 정보를 제공하고 있습니다.

[모바일 국세청]

▶ 국세청의 다양한 모바일 서비스(App,Web,SNS)를 쉽고 빠르게 이용할 수 있도록 한화면에 구성하였습니다.

▶ 국세청 홈텍스 서비스도 바로 이용가능합니다.

▶ 전자도서관, 뉴스레터, 학자금상환, 국세법령정보, 웹TV등 다양한 서비스등을 이용할 수 있습니다.

[안전 신문고]

▶ 행정안전부에서는 일상생활 주변에서 접하는 안전 위험요인을 국민들이 간편하게 신고하고 처리결과를 확인할 수 있도록 안전신문고 서비스를 스마트폰 앱과 인터넷 포털사이트로 운영하고 있습니다.

▶ 시설, 교통, 학교, 생활, 해양 등 모든 분야의 국민안전 위해요소를 대상으로 신고가 가능하며, 신고된 내용은 국민신문고와 연계하여 처리됩니다.

[굿닥 – 병원 약국 찾기, 성형시술 모아보기 필수 앱]

▶ 야간진료, 주말진료 하는 병원 찾을땐? [병원찾기]

▶ 주말에 아플 땐, 약국으로 해결~ [약국찾기]

▶ 내게 필요한 모든 성형정보부터 상담까지! [병원이벤트]

▶ 전문가가 알려주는 질병 뷰티 육아 성지식 꿀팁이 다 모였다! [건강정보]

[112 긴급신고 앱]

▶ 112긴급신고 앱은 납치·성범죄와 같은 위급한 범죄상황에서 112로 전화하여 신고하기 어려울 경우 신속하게 경찰에 신고 할 수 있는 서비스 입니다.

▶ 긴급신고시 위치서비스(GPS 등)을 켜 두시면 보다 정확하게 신고자의 위치를 파악할 수 있으며, 사용자 정보에는 정확한 내용을 입력하셔야 합니다.

[정부 24]

▶ 정부서비스는 대한민국 중앙행정기관, 공공기관, 지방자치단체가 제공하는 서비스를 12개로 분류하여, 개인의 생활에 필요한 맞춤형 서비스를 다양한 방법으로 제공합니다.

▶ 민원신청은 행정기관 방문 없이 언제, 어디서나 인터넷을 통해 필요한 민원을 안내받고 열람·신청·발급하는 서비스입니다.

[안전디딤돌]

▶ '안전디딤돌'은 정부대표 재난안전 포털앱으로 재난발생시 또는 일상생활에서 필요한 다양한 재난안전 정보를 제공하고 있습니다. 긴급재난문자, 재난뉴스 및 재난신고, 민방위대피소, 병의원 등 시설물 위치, 유형별 콘텐츠 등 다양한 정보를 하나의 '앱'으로 서비스 합니다. 특히, 지진 등 재난유형별 국민행동요령은 통신이 두절되어도 언제 어디서나 이용할 수 있습니다

[모두의 라디오]

▶ 라디오 청취율 1위 TBS 교통방송 김어준의 뉴스공장, SBS FM 두시탈출 컬투쇼, MBC FM 배철수의 음악캠프 등 인기있는 전국 라디오를 무료로 청취할 수 있습니다.

▶ TBS / EBS / YTN뉴스 / TBN한국교통방송 / FEBC극동방송 / 경기방송 / 경인방송 / 라디오서울 / 국악방송 / 동아방송AFKN / 국군방송 / 종교방송

유용한 정보

27강. 유용한 정보

📱 퇴직 예정자들이 미리 알면 좋은 정보들

★ 실업급여

▎실업급여의 신청 및 지급

개 요	퇴직시 정부에서 급여(구직급여, 취업촉진수당 등) 지원
기간 및 금액	240일(8개월)간 월 최대 204만 6천원 (총 1,600만원 상당)

> • 구직급여 지급액 = 퇴직 전 평균임금의 50%* × 소정급여일수**
>
> * '19년 상한액: 1일 6만 6천원, ** 50세 이상, 10년 이상 근무시 소정급여일수: 240일(8개월)

신청기한	퇴직일 다음날로부터 12개월* 이내

* 수급기한 포함 12개월 이내이므로, 퇴직 후 3개월 이내 신청 완료하여야 8개월 수급 가능

신청·지급절차	인터넷 고용보험 홈페이지(www.ei.go.kr)의 실업급여 신청 매뉴얼 참고 (고용보험 콜센터 전화번오는 국번없이 "1350")

Q. 관할 고용센터를 방문했는데, 퇴직처리가 안됐다고 합니다. 실업급여 신청을 하려면 이직확인서를 발급받아야 한다는데, 발급은 어떻게 받나요?

> • 회사에서는 퇴직일로부터 14일 이내에 근로복지공단에 자격상실(퇴사) 신고를 합니다. 이때, 고용보험 이직확인서도 함께 발송하므로, 퇴직 후 2주 이상 지난 시점에 고용센터에 방문해 주시는 것이 좋습니다. 고용보험모바일 앱을 통해 실시간 확인도 가능합니다.

0

ⒸⒽⒺⒸⓀ 리스트

★ 건강보험

▌퇴직 후 건강보험의 가입

> ▶ 배우자/자녀 등 피부양자로 등재　　▶ 보험료 면제

- 퇴직 후 본인이 직접 공단 콜센터(1577-1000)에 전화하거나, 배우자·자녀가 직장에서 신청
  * 신청요건 해당여부는 건강보험공단 콜센터(1577-1000) 문의

> ▶ 임의 계속 가입자 신청　　▶ 퇴직전 직장보험료 수준 부과

- 신청대상: 퇴직 전 1년 이상 계속하여 직장가입자 자격을 유지한 사람
- 신청방법: 가까운 건강보험공단 지사에 방문하여 "임의계속가입자" 신청 (신분증 지참)
- 적용기간: 퇴직일 다음날부터 36개월간 자격 유지
- 신청기한: 퇴직으로 지역가입자가 된 이후 최초 보험료 납부기한으로부터 2개월 이내
- 보 험 료: 퇴직전 3개월 평균보수월액 × 보험료율 ('19년 3.23% : 총 요율 6.46%의 50% 경감)

> ▶ 지역가입자 전환　　▶ 소득·재산수준에 따라 부과

- 배우자/자녀 등 피부양자로 등재 및 임의 계속 가입자 신청에 해당하지 않는 경우 자동으로 지역가입자로 전환됩니다.　　1

★ 국민연금

▌노령연금 수급

수급요건

가입기간 10년 이상, 62세*에 도달한 자
- 수급권자가 65세 전에 소득이 있는 업무**에 종사하는 경우, 감액

> * ('57-'60년생) 62세, ('61-'64년생) 63세, ('65-'68년생) 64세, ('69년생) 65세
> ** 사업장 근로자와 사업자 등록자 구분 없이 소득세법 규정에 따른 부동산 임대소득, 사업소득, 근로소득을 합산한 금액을 당해연도 종사월수로 나눈 금액이 전년도 말 기준으로 산정된 연금 수급전 3년간의 전체 가입자의 표준소득월액의 평균액 (2018년, 월 227만원) 보다 많은 경우 "소득이 있는 업무"에 종사하는 것으로 봄

급여수준

(가입기간 10년)　　기본연금액 50% + 부양가족 연금액
(가입기간 20년 이상)　　기본연금액 100% + 부양가족 연금액
(소득있는 업무종사시)　　기본연금액 감액 (부양가족 연금액 미지급)

수령신청

- 신청시기: 수급권이 발생한 때로부터 5년 이내
- 신 청 인: 본인 및 대리 신청 가능
- 구비서류: 연금지급청구서, 신분증, 본인명의 통장사본, 도장(서명 가능)
  * 부양가족 연금 대상자가 있는 경우: 가족관계증명서, 혼인관계증명서 추가 필요
- 신청방법: 전국 국민연금공단 지사에 직접 방문, 우편, 팩스, 홈페이지
- 국민연금 콜센터 : 1355

★ 국민연금

▌국민연금 운용 팁

임의계속가입   가입기간이 부족하여 연금을 받지 못하거나, 가입기간을 연장하여 더 많은 연금을 받고자 할 경우, 65세까지 가입기간 연장 가능

연기 연금   노령연금 최초 신청시 또는 연금 수령기간 중 65세 이전에 1회에 한해 최대 65세가 될 때까지 연기 신청 가능
연금 재지급시 연기 1년당 연 7.2%(월 0.6%) 연금액 가산 지급

▌알기쉬운 국민연금

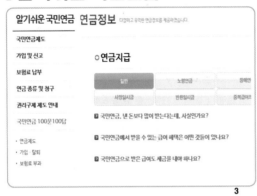

▌내 연금 알아보기

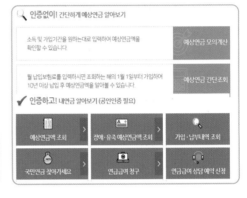

3

🖥 대한민국 교육기관 및 취업관련 정보사이트

1. 취업지원교육. 창업, 취업지원

① 국가 평생교육 진흥원 : www.nile.or.kr
② 경기도 일자리 재단 : www.gif.or.kr
③ 경기도 여성을 위한 취업 : 꿈날개 : www.dream.go.kr
④ 경기도 일자리 재단취업교육 잡아봐 : www.jobaba.net
⑤ 경기도 여성창업교육 지원 : 꿈마루 www.womenpro.go.kr
⑥ 여성 종합 취업지원기관 : 여성인력개발센터 연합 www.vocation.or.kr
　　　　　　　　　　　　전국 53개 여성인력개발센터 연결
⑦ 소상공인시장 진흥공단 : www.semas.or.kr
⑧ 서울시50플러스재단 : www.50plus.or.kr
　★ 캠퍼스 - 서부: 은평구 통일로 684 │ 중부 : 마포구 백범로 31길 21 │ 남부 : 구로구 오류로 36-25
　★ 50+센터 - 도심권50+센터 │ 동작 50+센터 │ 영등포50+센터 │ 노원50+센터
　　　　　서대문50+센터 │ 성북50+센터

⑨ 교육인생 이모작 지원센터 (서울시 교육청) : newstart.sen.go.kr
⑩ 부천 인생 이모작 지원센터 : twohappylife.buchon.go.kr
⑪ 대전 인생이모작 지원센터 : www.daejeonsenior.go.kr
⑫ 충청남도 인생 이모작 지원센터 : www.cntcfol.co.kr

2. 종합 취업 포털

① 잡코리아 : www.jobkorea.co.kr
② 사람인 : www.saramin.co.kr
③ 고용정보 워크넷 : www.work.go.kr
④ 인크루트 : www.incruit.com

3. 분야별 전문 취업 사이트

① 건설, 건축, 터목, 인테리어분야 : 건설워커 www.worker.co.kr
② 의사, 간호사, 의료분야 : 메디컬 잡 www.medicaljob.co.kr
③ 기계, 전기, 전자, IT생산기술분야 : 이엔지잡 www.engjob.co.kr
④ 판매, 유통분야 : 샵마넷 www.shopma.net
⑤ 섬유, 패션분야 : 패션워크 www.fashionwork.co.kr
⑥ 회계, 재경분야 : 어카운팅 피플 acountingpeople.co.kr
⑦ 학원 강사분야 : 훈장마을 www.hunjang.com
⑧ 무역분야 : 트레이드인 www.tradein.co.kr
⑨ 아르바이트분야 : 알바몬 www.albamon.com

MEMO

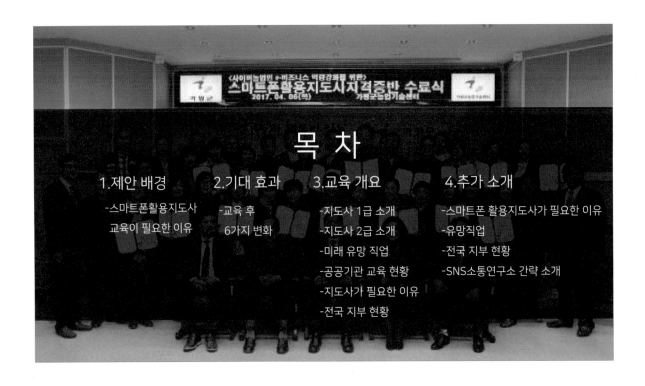

1.제안 배경

스마트폰 활용지도사 교육이 필요한 이유!

대한민국 국민 5,120만명!
스마트폰 개통 대수 6,400만대!
남녀노소 누구나 할 것 없이 스마트폰을 사용하고 있는 세상!

이제는 스마트폰은 문화로 자리잡았습니다.

문화는 쉽게 바뀌지 않습니다.
문화에 순응하고 제대로 각 분야에 적용해서 활용하는 조직이
발전에 발전을 거듭할 수 있습니다.

하지만, 개인이든 비즈니스를 하는 사람들이든
제대로 스마트폰 활용 및 SNS를 활용하는 사람들은 많지
않은 것이 현실입니다.

이제는 스마트폰 및 SNS활용을 할 것인가? 말 것인가?
고민하는 것이 아니라 어떻게 하면 잘 활용할 수 있는가를
고민해야 개인에게는 보다 즐거운 인생을 살게 해주고
비즈니스를 하는 사람들에게는 보다 풍요로운 삶을 가져다
줄 수 있을 것입니다.

2.기대 효과

스마트폰 활용지도사가 즐거운 대한민국을 만들어 갑니다!

1.지역 주민 소통 원활
스마트폰 제대로 배우고 익히면
가족 간의 세대 간의 소통이 원활해진다.

2.지역 경제 발전 도모
SNS도구들을 제대로 활용한다면
직접홍보 및 판매를 통해 이익을 극대화 할 수 있다.

6.스마트폰 활용지도사 양성
스마트폰 교육을 보다 활성화해서
디지털 문맹이 줄어들면 지역사회가 즐거워진다.

3.지역 홍보
지역주민들에게 스마트폰과 SNS를 제대로 가르치면
지역에서 일어나는 일들을 자연스럽게 홍보할 수 있다.

5.디지털 문맹 퇴치
사회복지사처럼 제대로 된 스마트폰활용지도사를
양성하여 지역에서 스마트폰 활용 및 SNS마케팅 교육 실시.

4.청소년 봉사 활동
청소년들과 복지관 및 실버 센터와 연계하여 시니어
실버들을 위한 일대일 교육 시스템을 구축할 수 있다.

전세계 유명한 경제학자들이 연구한 바에 의하면 인구 5천 만명을 기준으로 볼 때 100만명 이상이 사용하면 Fashion이라 하고
500만명 이상이 사용하면 Trend라 하고 천 만명 이상이 사용하면 Culture라고 합니다.
패션이나 트렌드는 바뀔 수 있지만 문화는 쉽게 바뀌지 않습니다. 이제 스마트폰 활용은 선택이 아니라 필수입니다.
이제는 스마트폰 활용을 배울지 말지가 아니라 스마트폰을 제대로 배우고 익혀서 보다 가족간 세대간의 즐거운 인생과
보다 풍요로운 비즈니스 결과를 만들어 내야 할 것입니다.

대한민국 국민
5,000만명 기준

2019년 5월 현재
스마트폰 개통대수 6,400만대!

100만명 이상이 사용하면
Fashion(패션)

500만명 이상이 사용하면
Trend(트렌드)

1,000만명 이상이 사용하면
Culture(문화)

스마트폰 활용이 문화로 자리잡은 요즘 시니어 실버들의 경우 용어자체가 생소하다 보니 접근성이 너무 낮아
소통하는데 어려움을 많이 겪고 있습니다.
과거에는 운전면허 연습은 가족간에 하면 싸움만 난다고 했습니다.
요즘은 스마트폰에 대해서 실버들이 물어보고 하면 자식들은 "바빠요!"하고 피하고 손주들은 "일전에 알려 드렸잖아요!"하고 피한답니다.
궁금해도 자존심때문에 어디 물어볼 데도 마땅치 않은 것이 현실이기도 합니다.
스마트폰 제대로 배우고 익히면 세대간의 소통도 원활해질 것입니다.
소통이 원활하지 않으면 불통이 되고 불통이 반복되면 먹통이 되고 맙니다.
진정 스마트폰 활용 교육은 가족간의 소통을 위해서라도 꼭 필요한 교육입니다.

스마트폰활용지도사교육

2-2.지역 경제 발전 도모(소상공인 입장)

요즘은 직접 제조를 하는 농가들 뿐만 아니라 소상공인들도 직접 판매에 나서지 않으면 힘든 세상이다.
또한 과거에는 펜션 등의 서비스업은 광고비를 많이 사용하면 매출도 자연히 올라갔는데 요즘은 그렇지 않다.
일을 시키는 입장에서도 SNS 및 모바일 마케팅의 흐름을 알고 시키는 것과 그렇지 않은 경우에 결과 차이가 많이 난다.

농가 뿐만 아니라 소기업에서 적은 비용으로 큰 효과를 낼 수 있는 마케팅 도구들이 많이 있다.
사업자가 아니어도 자기만의 무료 쇼핑몰을 쉽게 만들 수 있고 결제 시스템도 저렴하게 이용할 수 있는 방법들이 많다.
물론 기본적으로 최소한의 교육을 받았을 때 이야기지만 확실한 건 과거보다는 정말 쉽고 빠르게 최소의 노력으로
최대의 효과를 거둘 수 있다는 것이다.
스마트폰 및 SNS마케팅을 제대로 배우고 익히면 이 모든 것이 자연스럽게 해결 될 것입니다.

스마트폰활용지도사교육

2-2.지역 경제 발전 도모(창업자 및 기업가 입장)

창업을 준비 하는 분이라면 스마트폰 활용 및 SNS도구 활용에 대해서 제대로 배우고 익혀서 업무에 활용할 필요가 있습니다.
그 이유 중에 하나는 현재 기업이 과거의 방식대로 일을 해서는 기업의 생존 주기가 3-5년밖에 안된다는 것입니다.
일의 효율성과 효과성을 극대화할 수 있는 시스템을 갖추지 않으면 치열한 비즈니스 세계에서 견디기 힘들다는 것을 보여주는 예입니다.
현재 많은 1인 기업 및 소기업의 경우 모바일과 SNS도구를 활용하는 기업은 만족할 만한 업무성과를 내고 매출이 증대되는 효과를 톡톡히
보고 있습니다.
단순한 예로 직원 10명이 스마트폰 활용과 SNS도구(블로그,크롬웹스토어,협업프로그램 등등)를 2-30시간 정도만 제대로 배우고 익힌다면
일을 효율적으로 할 수 있는데 직원 1명당 하루에 최소 30분 정도는 세이브할 수 있을 것입니다.
(소기업 오너들이 가장 도입하고 싶은 것이 스마트워크 시스템입니다.)
직원이 10명이라면 하루면 300분, 한달 20일 근무한다고 가정하면 한달에 6,000분을 절약할 수 있고
시간으로 따지면 100시간을 다른 일에 사용할 수 있다는 계산이 나옵니다.
경제적으로 힘든 기업 입장에서는 스마트폰 및 SNS활용에 대해서 보다 체계적으로 배우고 익혀야 할 것입니다.

  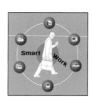

2-2.지역 경제 발전 도모(스마트워크 시스템 구축 용이)

인공지능 서비스

전세계 유명 강사들
강연 수강 및 외국어 공부

고객 설문조사부터
문서 편집도 전문가 수준

통 번역 어플을
활용한 외국어
회화 가능

각기 다른 나라
사람들과 자유롭게
채팅

텍스트,음성,
동영상,그림
동시 메모 가능

실시간으로 각자의
생각을 공유 가능

재우상사 김대리
스마트폰을 활용한
업무 프로세스 중
일부를 표현

실시간 방송 촬영
SNS 실시간 공유

전세계 발표자료
무료로 공유한다

스마트폰으로
문서를 스캔한다

나만의 비서
명함 정리 끝!

스마트폰에서
바로 팩스 전송 가능

전세계 누구라도
무료 영상통화 가능

저비용 고효율의
마케팅 도구 활용

2-3.지역 홍보

지역주민들과 기업체들이 스마트폰 활용 교육을 제대로 받게 되면 그 지역은 자연스럽게 홍보가 될 것입니다.
PC에서 작업을 하지 않고 스마트폰에서도 협업시스템을 구축해서 각자 사업을 홍보할 뿐만 아니라 각 지역에서 하는 활동들도
홍보할 수 있습니다.
이런 활동들이 스마트폰 활용 교육 제대로 배우고 익히면 자연스럽게 가능할 것입니다.

1.블로그와 카페 활성화를 통해 지역 주민들에게도 많은 홍보의 기회를 제공할 수 있습니다.
2.요즘 젊은 세대들이 많이 하는 유튜브와 인스타그램을 통해 자연스런 지역 홍보가 가능합니다.
3.페이스북 페이지 광고를 저렴하게 운영하여 행사 별로 정확한 타겟 마케팅을 할 수 있습니다.
4.핀터레스트를 통한 해외 홍보도 쉽고 빠르게 할 수 있을 것입니다.
5.지식인 및 네이버 포스트를 활용해서 보다 많은 고객들을 확보할 수 있습니다.

2-4.청소년 봉사활동

현재 대한민국 각 지자체를 보면 학교 밖 아이들이 의외로 많습니다.

과거에는 문제아로 불렸었는데 지금은 지자체 별로 청소년 상담 센터 라든지 종교단체등에서 학교 밖 아이들을 잘 관리하고 있습니다.

현재 군포시나 안양시의 경우 학교 밖 아이들에게 스마트폰 활용지도사 교육을 받게 하고 지역 복지관이나 실버 센터 등에서 봉사활동을 하게 하고 있습니다.

아이들에게 성취감도 갖게 하고 상대방을 위해서 봉사하면서 자신들도 힐링의 기회를 갖고 있습니다.

소외되어 있는 아이들과 외로운 실버분들에게 만남과 배움의 좋은 기회를 제공할 수 있을 것입니다.

단순한 스마트폰 활용 교육이 자라나는 청소년들에게 꿈과 희망을 줄 수 있을 것입니다.

2-5.디지털 문맹 퇴치

대한민국 국민 5,120만명!

50세 이상은 2016년 말 기준으로 2천 만명이 넘어섰고, 2017년 말 기준 65세 이상은 730만명이 되었습니다.

나이가 많다고 해서 스마트폰 활용을 못하는 건 아니지만 현재 50세 이상 기준으로 보면 스마트폰 기계 활용에 대해서 잘 못하시는 분들이 상당히 많이 있습니다.

앞으로의 부국은 자원이 많은 나라보다도 국민 개개인의 지식 수준이 높은 나라가 부국이라고 합니다.

스마트폰은 제 2의 두뇌라고 합니다.

진정 스마트폰 제대로 배우고 익혀서 디지털 문맹 인구가 줄어들면 자연히 대한민국의 지식 수준이 올라가고 부국이 되는데 초석이 될 것입니다.

2-6. 스마트폰 활용지도사 양성

대한민국이 2009년도부터 스마트폰을 일반적으로 사용을 하기 시작했습니다.
한해 한해가 갈수록 대한민국 국민들의 스마트폰 활용 교육에 대한 욕구는 증가하고 있습니다.
불과 2014년만 해도 실버분들의 스마트폰 활용도가 많이 떨어져 있었는데 2015년부터는 스마트폰 활용도가 증가한 것 뿐만
아니라 활용 수준 또한 상당히 높아졌습니다.
과거에는 스마트폰 활용 교육을 하는 강사가 일반적인 수준이면 되었지만 현재는 서울을 비롯해 각 지역에서 올라오는
정보에 의하면 배우러 오시는 분들의 궁금증이나 욕구가 상당히 높아졌다는 것입니다.
이에 제대로 된 스마트폰 활용 교육 전문가가 필요한 시점입니다.
스마트폰 활용 지도사를 양성해서 보다 많은 지역주민들이 보다 즐겁고 행복한 인생을 살아가는데 일조 했으면 하는 바램 입니다

3. 교육 개요

★ 스마트폰 활용지도사 1급 교육

❖ 초/중/고/대학생 및 성인 남녀노소 누구에게나 스마트폰 활용교육 및
   SNS마케팅 교육을 실시할 수 있습니다.
❖ 학생들뿐만 아니라 일반성인들의 개인정보보호 및 스마트폰 중독에
   대한 예방 교육을 실시할 수 있습니다.
❖ 1인 기업 및 소기업이 스마트워크 시스템을 구축하는데 필요한
   제반사항을 교육할 수 있습니다.
❖ 개인 및 소기업이 브랜딩 전략을 구축하는데 있어 저렴한 비용을 들여
   브랜딩 및 모바일마케팅 전략을 구축할 수 있도록 필요한 교육을
   할 수 있습니다.

★ 스마트폰 활용지도사 2급 교육

시니어 실버분들에게 스마트폰을 활용교육을 실시할 수 있습니다.
개인 및 소기업이 모바일마케팅 전략을 구축하는데 있어 기본적인
교육을 할 수 있습니다.

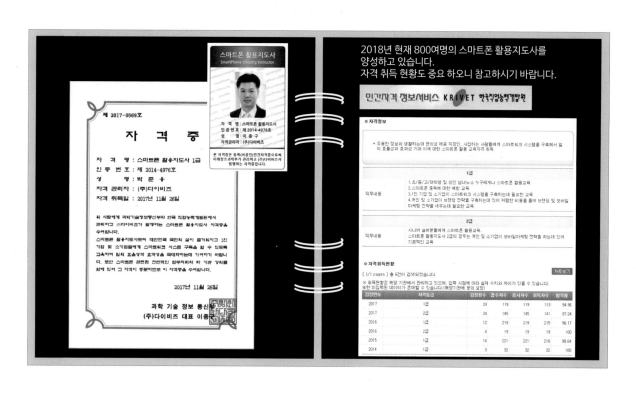

현재 전국 스마트폰 활용지도사 교육 활동 현황

실질적으로 돈이 되는 현재도 미래 유망 직업 스마트폰 활용지도사 2급 및 1급

▶일반인 대상
1. 스마트폰 기본 활용 교육 2. 스마트폰 UCC 교육 3. 스마트워크 교육 4. 블로그 마케팅 교육 5. SNS 마케팅 교육 6. 일대일 교육

▶복지관
1. 스마트폰 활용 교육 2. 은퇴자 재취업 교육

▶교육기관
1. 교사 연수 2. 학부모 연수 교육

▶대학교 평생교육원
1. 대학교 평생교육원 스마트폰 활용지도사 자격증 교육 2. 은퇴자 및 재취업자들 취업 과정으로 스마트폰 활용지도사 자격증 교육

▶각 지역 평생학습관
1. 스마트폰 활용지도사 2급 교육(스마트폰 활용의 모든 것) 2. 스마트폰 활용지도사 1급 교육(SNS 마케팅)

▶각 지역 농업기술센터
1. 스마트폰 활용 교육 2. 블로그 마케팅 교육 3. SNS 마케팅 교육 4. 쇼핑몰 마케팅 교육
3. 스마트폰 활용지도사 2급 교육(스마트폰 활용의 모든 것) 4. 스마트폰 활용지도사 1급 교육(SNS 마케팅)

실질적으로 돈이 되는 현재도 미래 유망 직업 스마트폰 활용지도사 2급 및 1급

현재 전국 스마트폰 활용지도사 교육 활동 현황

▶기업체 교육
1. 화성 상공회의소 지역 CEO를 위한 스마트폰 활용 교육 2. 스마트워크 및 SNS마케팅 교육 및 컨설팅

▶농협 주부대학
1. 농협에서 주관하는 주부대학, 실버 대학, 아카데미 회원들을 대상으로 교육

▶대학원 최고 경영자 과정
1. 건국대학교 정운찬 총리 최고 경영자 과정 2. 각 대학 대학원 SNS 마케팅 교육 외

▶각 지역 일자리 재단 재취업자들을 위한 교육
1. 경기도 일자리 재단 4050 재취업자들을 위한 스마트폰 활용 교육 2. 경기도 일자리센터 재취업자들을 위한 스마트폰 활용 교육 외

▶각 지역 여성플라자 교육
1. 중구 여성플라자 스마트폰 활용지도사 2급 및 1급 교육 2. 종로 여성 인력개발센터 외

▶그 외 다양한 기관 및 단체에서 교육
1. 금융기관 2. 경기도 인재개발원 3. 취업 특성화 대학 외

지역사회 발전을 위해

사회복지사처럼 스마트폰 활용지도사가 필요합니다!

사회복지사란?

청소년, 노인, 가족, 여성, 장애인 등
사회적 약자에 대한 복지 정책 및
공공 복지서비스가 증대함에 따라
사회적인 문제로 어려움을
겪는 이들을 돕는 직업

스마트폰활용지도사란?

개인이 즐거운 인생을 살아가는데 도움을
드리고 소상공인들에게 풍요로운 비즈니스를
할 수 있도록 도움을 드리는 직업

스마트폰 활용지도사가 디지털 문맹 퇴치 운동에
앞장서고 즐거운 대한민국을
만들어가는데 초석이 되었으면 합니다

대한민국 유망 직종으로 등록 되는 것이 목표

2020년에 스마트폰 활용지도사가
대한민국 유망 직종으로 등록되어
남녀노소 누구나 관심을 갖는 직업으로
등극하는 것이 최종 목표입니다.

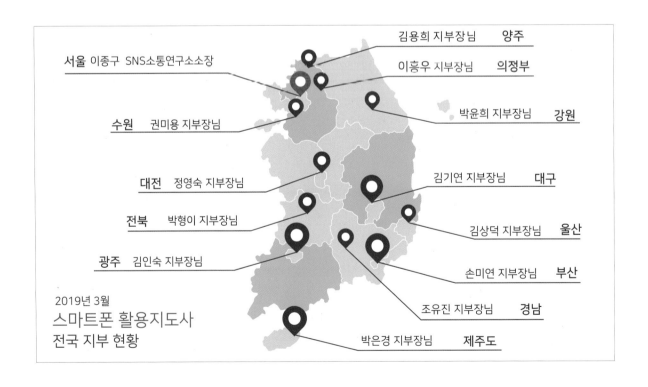

2019년 3월
스마트폰 활용지도사
전국 지부 현황

서울 이종구 SNS소통연구소소장
김용희 지부장님　양주
이흥우 지부장님　의정부
박윤희 지부장님　강원
수원　권미용 지부장님
대전　정영숙 지부장님
김기연 지부장님　대구
전북　박형이 지부장님
김상덕 지부장님　울산
광주　김인숙 지부장님
손미연 지부장님　부산
조유진 지부장님　경남
박은경 지부장님　제주도

SNSMBA 과정 개설

2011년 7월 국내 최초로 SNSMBA 과정 개설
2017년 현재까지 매주 8주 과정으로 SNS 마케팅외
다양한 뉴미디어 마케팅 콘텐츠 교육 중

스마트폰 활용지도사
(스마트폰 활용 및 마케팅)

2014년 10월 스마트폰 활용지도사 민간 자격증 취득
2급과 1급 과정을 운영 중이며 현재 800여명 지도사 양성
2018년부터는 다양한 자격 과정 개설 예정

SNS상생신문

2013년 7월 SNS상생신문 서울시 정기 간행물 등록
인터넷 신문 운영 및 종이신문 발간 예정(2018년 11월 중)

SNS소통연구소 출판사

2011년 11월부터 SNS소통연구소 출판사 운영
스마트폰 활용 및 SNS마케팅 관련된 책 21권 출판
매달 다양한 컨텐츠 책 출간 예정

SNS소통연구소 주요 사업 콘텐츠

MEMO

**퇴직 예정자들이 꼭 알아야 할
스마트폰 활용 길라잡이**

무엇이든 할 수 있다고

생각하는 사람이 해내는 법이다.

길이 없으면 길을 찾고,

찾아도 없으면 만들면 된다.

창업의 가장 근본은

낙관적인 사고와 자신감이다.

인생은 커피한잔

처음에는 뜨거워서

못 마시겠더니

마실 만 하니 금방 식더라.

인생도 그렇더라.

열정이 있을 때가 좋을 때이다.

식고 나면 너무 늦다.

커피는 따뜻할 때

마시는 것이

잘 마시는 것이고

인생은

지금 이 순간에

즐겁게 사는 것이

잘 사는 것이랍니다.

소통대학교와 SNS소통연구소가

즐거운 대한민국을 만들어갑니다!

스마트폰 제대로 배우고 익히면

인생이 즐거워지고

비즈니스가 풍요로워집니다!

스마트폰 활용지도사가

즐거운 대한민국을 만들어갑니다!